仏教新論

森 政弘

佼成出版社

普勧文

私の机上に、森政弘著『佛教新論』がある。感慨無量の極みである。回顧すれば昭和四十四年の九月頃、各界の有識者が参集した「環境と工業を結ぶ会」の解散式が自坊で行われた。その席上隣単《りんたん》の森教授が「私はロボット屋です」と名刺を出されたのが今生の出逢いである。ある文学者はエッセーで「人生には不思議な邂逅があるものだ、それは求めても得られるものでもなく、求めずして得られるものではない」と述べている。佛教に於いても、恵果と空海、如浄と道元、法然と親鸞などの邂逅は正に歴史的瞬間というべきであろう。

森教授は、ロボット学正しくは制御工学の草創期に於ける第一人者として東京大学、東京工業大学で一世を風靡した研究者であり教育者であると同時に、それに平行して自在研究所というシンクタンクの所長として新しい科学技術の開発に多大な業績を残された。

　然るに、森教授の著書には佛教に関するものが多い。世間では森教授は佛教学専攻かと錯覚を起こしている人も少なくない。そこで何故森教授が佛教学に傾斜してしまったのか、その理由を明らかにしなければいけない。


　日本経済が戦後から脱却し、高度成長を遂げバラ色の未来世界へと発展する途上の昭和四十年頃、石油ショックと環境汚染地獄が発生した。その時、自在研究所のメンバーは科学技術の発展に大きな疑団を生じたのである。今日でも、科学技術の力を信じ未来にユートピアを期待しているオプティミズムは多い。二十世紀にドイツの哲学者シュペングラーが『西欧の没落』を著して西洋文明の危機を予言した通り、今日世界中がその問題に直面している。科学技術の行き先が人類と全生物の死滅、地球の崩壊というペシミズムの可能性と危険性をはらんでいることは決して過言ではない。

　初めてお逢いしてから半年後、春の彼岸会中日に森教授は自坊に来山された。その時森教授は、大学の課外研究として自在研究所を設立しエンジニアが参集して技術開発をしていることを述べられた。私は「自在研究所の名称である自在とは何か」と訊ねた。森教授は「自由自在に討論する場で、自由研究所では何か政治結社みたいなので、デザイナーの榮久庵憲司氏が自在研究所と提案されて決定した」という。そこで私は「自在とは佛教用語で、華厳経の中には十自在と説かれ、般若心経にも観自在菩薩とある」と話し、白隠禅師の『毒語注心経』を渡した。それを機縁に私は自在研究所のメンバーとなった。科学技術の研究所に一禅僧が加わることは異様なことである。森教授の提案によって佛教思想の研究が行われることとなり、毎月第二土曜日の午後に出所して結局研究所で二十年間、その後場所を自坊に移して十年間の長い間継続することになった。テキストは『八宗綱要』、『大乗起信論』そして『唯識論』、『倶舎論』にも挑戦した。森教授は率先して、やらかい頭で解読され、この『佛教新論』の一冊は、その研究の学的軌跡というべきであろう。

申すまでもなく佛教は、人々の苦悩や不安を除き、信仰による救いを説く宗教である。今日一般世間では、「佛教は何か」と質問すると「葬式」と答える。佛教とは葬式の道具というのが社会通念となっている。自在研究所のメンバーも最初はその様な感覚であったが、佛教思想の研究によってその認識は全く一変してしまった。佛教経典は、あの訳のわからない葬式の文句と思っていたようだが、実際に研究してみると「面白いではないか」というのが異口同音の共通感覚となった。佛教に於ける縁起論即ち種々な条件によって現象が起こる、その起こり方の原理即ち現象の相位相依の関係論がエンジニア諸氏にとって新鮮な分析論として受け止められることになる。従って自在研究所に於いては、佛教教理は信仰実践の指針ではなく、『佛教新論』で解説されている二元性一原論という解釈論による新しい哲学であり、それが前代未聞の自在学という学問体系確立の要因となったわけである。

この『佛教新論』は従来の佛教思想の伝統的な解釈論ではなく、新しい角度から試みられた論述である。「二元性一原論」が理論篇、「坐禅冥想論」が実践論、「自在学」が応用篇の三部構成である。二元性一原論の基調とは、自然と人間とが対峙の関係ではなく、また人間が自然に一方的に働きかけそれを操作しようとする視点ではなく、自然から人間への働きかけを考える視点であり循環と還源の論理を重視する立場である。

現代社会に於ける科学技術の発展進歩は、同時に自然破壊や伝統文化の喪失、生命観の分裂混乱をもたらし、この危機的状況は今や誰の目にも明らかである。このような状況を打開する為には、最早既成の学問や技術では問題解決にならない。その解決への道の哲学こそ自在学であり、その問題提起として一石を投じたものそれがこの『佛教新論』である。

ここに江湖《ごうこ》に普勧する次第である。

平成二十五年六月

圓通山中　後藤榮山

（静岡県三島市・臨済宗妙心寺派龍澤寺専門道場師家）

まえがき

本書は全十章からなり、第九章までは、「一つ」という観点から仏法のいろいろな法門に触れ、いかに仏教ならびに仏法において「一つ」が大切にされているかを示すことを目的として執筆された。

「一つ」については、筆者は既刊の拙著の中で何度も説かせて頂いては来たが、それらはどれもが断片的で、それだけでは仏法全体が「一つ」で貫かれていることを示すことはできず、読者によっては「一つ」は経典の断片、あるいは面白おかしいたんなる譬喩にすぎないと受け止められることが多々あったからである。

しかしそのように、仏法全体が「一つ」で貫かれていることを示すためには、できるだけたくさんの経典を取り上げる必要があり、限られた紙幅でそれを行えば、必然的に一つ一つの説明は短縮せざるをえなくなる。したがって本書は、仏教をひととおり学ばれた方、たとえば四諦とか八正道とか十二縁起といった経典に触れたことのある方々を直接の対象とせざるをえなかった。もちろん初めての仏教入門者にも読んで頂けるように配慮はしたが、仏教や仏法そのものの解説書として見れば舌足らずの個所が多々あると思っている。くり返すが、それは、なるべく多くの経典を取り上げて、それらの間に「一つ」を軸にした一貫性があることを示すのに力点を置いたからである。したがって本書は、いわゆる仏教の解説書ではなく、従来とは一味違ったものになった。これが本書の題名に「新論」をあてがった理由である。

仏典には、般若経のように哲学的に「一つ」が表に出たものと、法華経のように物語の中に溶け込んで、そのつもりで行間までをも読み込まないと、そうかこれが「一つ」なんだ、と気付かないものもある。しかしいずれにせよ、相異なり対立した「二つ」の概念があり、それが合一して「一つ」に融合する点こそが核心であり、仏典ではそこに「即」の一字を配している。この「二つ」から「一つ」への合一は、理性による判断では不可能で、豊かな感性を必要とする。非常に難しいが、そこを超えてしまえば「一つ」という宝を軸に、法輪が転じていることが納得されよう。

本書のねらいは、まずは読者に、そんなにも仏教では「一つ」が重んじられているのかに開眼して頂くところにあるのである。

そして最後の第十章では、「自在学への道」と題して現代社会が抱えている未曽有の諸難問を解き社会をそれから救うべく、筆者の師である後藤榮山老大師の提唱によって筆者等が始めた「自在学」の基本の概要を披瀝した。この第十章は、表題からすれば本書にはちぐはぐなものと見えるかもしれないが、内容的には、本書の主題である「一つ」の哲理の最も深い存在理由が関係しているからである。むしろ読者は第十章を読むことによって、筆者が本書をものした真意をつかまれるであろう。「一つ」こそは、宇宙の根源に遡る比類なき深さを持った救済の哲理なのである。

目次

第三章　日常の「一つ」

第六章　『法華経』での「一つ」

第七章　空についての予備的考察

第十章　自在学への道

装丁　大竹左紀斗

第一章

真なる仏法

一　正反対の二つが一つに融合

仏法は美しい！　と感じたのは、「仏法は二元性一原論だ」ということを筆者の師である、後藤榮山老大師（現、三島の臨済宗龍澤寺専門道場師家）から伺った時だった。

四弘誓願の第三句に、法門無量誓願学とあるように、仏法には非常に多くの法門（仏教の教えの一つ一つ。衆生が真理に到達するときには必ずそこを通るので「門」という字が付いている）があり、法門それぞれの意味内容は異なってはいるものの、どれもが共通して根本的なところでは、正反対の二つ（二元）が融合して、一つ（一原）になっているという形をしていることに気付かされた。その瞬間、ああ美しいなという感覚が全身をよぎったのだった。

この美意識は、二元性一原論という形が、わずか一つの法門について言えるというだけであったならば湧かなかったであろうが、それは筆者が学んだいくつかの法門のすべてに当てはまることに気付いたからこそ湧いたのだろう。

たとえば、「煩悩即菩提」という大乗仏教の究極を示す法門があるが、煩悩とは悟りを妨げる心の良くないハタラキを言うのに、菩提とは悟りのことである。このように、煩悩と菩提という正反対の二元が「即」で結ばれて一原に融合しているわけである。（この意味は、すべては真実不変の真理の現れで、悟りの実現を邪魔する煩悩も真理の現れにほかならず、悟りの縁となるので、それを離れて別に悟りはないということである。）

もうひとつ例を示せば、『般若心経』で有名な「色即是空、空即是色」が挙げられよう。この意味は深遠ゆえ、ここで簡単に述べることは差し控えたい（一九二頁で解説）が、ともかく色と空とは正反対である。しかしこの正反対の二元が「即」で結ばれており、宇宙的存在のありのままの本当の姿（真如あるいは実相）という一原のものの二つの面であるという。

こうして仏法を通覧すると、そこには二元性一原論というしっかりした筋金が通っていることを知ったので、大海にもたとえられる無量の法門からいくつかを取り上げ、その筋金を示したいと思ったのである。

二 真なるものは美しい

証明されたわけではないと思うが、真なるものは美しいと筆者は感じている。また同様の感じを抱いておられる方々も多いのではなかろうか。このことを筆者は科学法則について――とくに物理の法則に関して――学生時代から思っていた。ニュートンの運動方程式をはじめ力学の諸法則、マックスウエルの電磁方程式や電場と磁場の関係、アインシュタインの相対性理論……など、どれもその内容は見事であり、それを表現している数式も美しいと言わないではいられない。森羅万象の秩序整然とした有様《ありよう》はまことに美しい。

筆者の場合、美意識は自然科学についてが先で、仏教に関しては後だったが、科学法則に関しての美意識が仏法という真理を美しいと見ることを助けてくれたのかもしれない。仏典は、経・律・論の三種に分けられるが、その論の中の一つに『大乗起信論』というのがある。この論は見事な形をしていて、章が進むにつれ、見出しや内容が、一心・二門・三大・四信・五行と規則正しく順に数が増えてゆく。仏教はこのように美しい形をしているのでそれは真理だ。だから「信」を起こしなさい（つまり起信）と言わんばかりである。後藤老大師は、「論には書いてないが、わしは五行の次に六字名号（南無阿弥陀仏の六字のこと）が隠してあると思っている」と言っておられたほどである。

話は少しずれるが、高級な数学の研究はシステムの美の追究だと筆者は見ている。簡単な例を挙げれば、ブール代数（論理代数）と言って、使う数字は0と1だけで2以上の数字がない代数がある。ディジタル回路の設計には不可欠な数学だが、そういう実用を度外視しても、非常に単純で簡素な美が認められる。

美にもいろいろあろうが、簡素の美を究めてゆくと、何もないのが最も美しいことになる。どんなにきれいなものでも存在すると汚くなる。しばしば白紙がこの美しさを表すと言われるが、白紙でもまだそこに「白」がある。すべて白いよりも、まったく何もない真空の方が徹底して美しい。ふつうこの何もない美しさは、美しいと言うよりもむしろ清浄と表現されている。これは仏教で言われる、真如・空・無分別・自性清浄心（仏性の核心）・法身の仏、というレベルのものである。

三　仏法の難しさと本書のねらい

筆者は本書で仏教的美学を論じるつもりはない。ただ二元性一原論という美しさに魅せられて、その角度から、その筋道に則って、種々の法門について勉学し、許される限り解説して、四弘誓願の第三句「法門無量誓願学」（誓って無数にある法門を学ぶ）を通し、第一句「衆生無辺誓願度」（誓って無数の人々を悟りの世界へ渡す）に少しでも沿いたいのである。

ただ二元性一原論は、仏教教理上では最後の難関である。なぜかと言えば、それは「異なるものは同じだ」という大矛盾を超えなければならないからだ。したがってその教理はまったく分かりづらいものである。仏教の中のいちばん分からない点はそこにあると言っても過言ではなかろう。

それは、すでに述べた「煩悩即菩提」や「不一不二」「一即多・多即一」「色即空・空即色」などといった類の言い回しが、絶えず顔を出すからである。「一即多・多即一」について言えば、一つと沢山は同じだということだから、ふつうの頭では解釈しかねるわけである。また煩悩とは悟りを邪魔する心の良くないハタラキを言うのに、菩提とは悟りのことである。そして正反対と思われているこの二つは同じだというのが「煩悩即菩提」だから、理解に苦しむことになる。ふつうの頭で考えれば、さっぱり分からないということになろう。そこで多くの人は壁にぶつかり、仏教の学びを止めてしまう。じつにもったいないことである。

要するにこの言い回しは、「異なるものは同じだ」という、まったく矛盾した形の表現をしているわけだから、科学的な教育を受け、科学や科学技術がほとんどあらゆる世界で成功を収めた現代に生きているわれわれにとっては、理解しがたいばかりでなく、人によっては仏教は間違っているとさえ見えるであろう。すでに故人となられたが、筆者の先輩に科学的・論理的な思考に非常に忠実な大学者がおられた。先生は、その専門領域では、日本をリードされる第一人者であった。しかしその先生は、三年間ほどは筆者と共に仏教を学ばれたが、科学的思考に忠実なあまり「仏教は間違っている」とされて、仏教の勉強から脱落されたままこの世を去られた。惜しいことであった。

じつはこのような言い回しは、形式論理を適用できない、論理を超越したものであって、ふつうのタイプの知恵（仏教では「識」と言う）ではどんなに頭が良くても理解することはできないのである。その知恵とは質を異にする直感的な智慧（「般若」と言う）で洞察してこそ、はじめて納得できるものである（この質的に異なることを表すため、知恵と書かずに智慧と書く習わしになっている）。識と般若の違いについては後ほど第八章で述べるつもりである。

般若は理解というより、納得と表現した方がよい。分かるというよりも直覚的に洞察して腹の底にドスンと落ち着かせるとでも言うべきであろう。

悟りに至る六種の修行に六波羅蜜というのがあるが、その最後の六番目に位置し、最も重要視されているのが般若波羅蜜なのである。また昔から今日に至るまで広く流布して尊重され、色即是空・空即是色で有名な『般若心経』は、般若波羅蜜の有り難さ偉大さを説いているお経である。このように般若は、仏教では非常に大切なものになっている。

しかしその般若は重要なものではあるが、それは言葉による理解とは異質なものであり、しかもわれわれ一般人は、この情報化時代においては、言葉でもってすべてを理解することに慣れてしまっているので、般若はなかなかつかみにくい。たとえば学業はほとんど言葉を介して成り立ってはいるが、スポーツ・武道・書道……などはいくら書物を読んでもそれは参考になるだけで、体を通した実践がなければまったく身に付かない。自動車運転でもそうである。これと同様に般若による納得も言葉を通さないで、体得すべきものなのである。その体得の実践過程が修行である。ゆえに仏教で言われる論理を超越した表現を納得するには修行が不可欠ということになる。

般若はほとんど修行によって身に付くのではあるが、われわれは生まれながらにして、いくらかの般若をそなえているという。これは「生得の般若」と言われるものだが、言葉を知らない嬰児でも持っている。たとえば教えなくても、ミルクが飲みたくなれば冷蔵庫のところへ行って扉を開けようとする。そしてその時、ミルクがなくジュースだけしかなかったならば、泣き出すであろう。これは言葉によらない智慧で般若である。修行はその生得の般若を強化するものとも言える。

この論法を推し進めてゆくと、本書で二元性一原論という真理を解説することは、言葉を使うゆえに無意味・無謀のそしりを免れないことになってしまうかもしれぬ。しかしもちろん言葉はギリギリの真理を表現し得ないが、言葉によらなければ真理の存在を伝えることさえもできないから、言葉の限界を承知のうえで筆を進める次第である。

四　難しさの他の要因

ついでながら、ここで仏教を近づきにくく分かりにくくしている他の要因に触れておきたい。仏教が難しく、取り付きにくいものになっているのには、いくつかのわけがある。前記の他の要因の一つは、仏典はもとより解説書に見られるおびただしい難解な漢字と、漢字で表された多数の専門用語である。

仏典はもともとは昔のインドの梵語（サンスクリット語）で書かれたものがほとんどだから、今日、大学のインド哲学科など仏教学の専門家の間では梵語が重要視されてはいる。しかし、わが国に渡来した仏典はすべてその梵語が中国で漢訳されたものゆえ、漢文であり、その字も常用漢字ではなく昔の難しい漢字である。現代の人々はこの漢文になじみが薄く、これが仏教を近づきにくいものにしている一つの大きな要因だと思われる。筆者の中学校時代には教科に漢文があったので、筆者は不完全ながらも漢文を読むことができるが、戦後生まれの若い人々にはふつう漢文の素養がなく、漢文で書かれた仏典をそのまま読むことは困難であろう。

言うまでもなく、仏教の解説書は、仏教書の専門出版社や書店が成り立つほどに山と出版されている。しかしそれらは主として僧侶や仏教学者による著作がほとんどで、漢語による見なれぬ熟語や術語が非常にひんぱんに現れ、初心者はいちいちその意味が説明されている前の頁にもどるとか、辞書を引くという手間をかけながら読み進めなければならない。しかも読み方が漢字のふつうの読みではなく、仏教読みとでも言うべきか、仏教独特の発音になっている。さらに唯識仏教（あらゆる存在はただ自己の心の現れだと説く仏教の一派。唯識学は多くの仏教の基礎学として重要視されている）ではそれに輪をかけて、唯識読みという特別の読み方をする習わしになっている。ゆえにつかえながらになってしまって、とうてい、すらすらとは進んでいかないのである。もっともこれら解説書とは別に、諸寺院が布教のために易しさを旨として用意した本もたくさんあるが、説教調で感傷的になり、若者たちの知性に訴えるところが少なく、場合によっては、かえって軽蔑を招くこともあろう。

この事実に対して仏教側から厳しい反論もある。「宗教はいのちを預けるものだから、難解という言葉は禁句だ。そこを乗り越えて行くべきだ」というのがその第一である。もちろん筆者もそれには同感である。

また漢字による熟語には、簡潔で引き締まり、含蓄が深いものが多い。これを平易な現代の日常語に改めると、だらだらと長くなり締まりのないものになってしまい、かえって分かりにくくなる。たとえば禅宗で用いられる「全機《ぜんき》」という二文字の素晴らしい内容の言葉があるが、これを日常語にすると「与えられた機能を余すところなく発揮すること」とか、「その場、その時における自由で円滑なハタラキ」と二十文字ほどにもなってしまい、かえって長たらしさのために文章が分かりづらくなってしまうのである。加えて仏教語でなければ表し得ない概念もかなりの数に上り、解説にはそれらを使わざるを得ないことも挙げられる。自己弁護になるが、本書の冒頭からここに至るわずか数頁の間にも、筆者もすでにこの漢文と漢字による専門用語を使わざるを得なかったわけである。

しかし人類の宝である仏教を広めるのに、前記の漢文・漢語の難しさが、大きな障壁になっていることは否めない。筆者はその点を考慮して、微力ながら二〇一一年一月に『親子のための仏教入門』を著した。この書は、これ以上易しくは仏教は説けないという目標を立て、可能な限り漢字による専門用語も避けて、平易な言葉で表した。とはいっても、まったく専門用語を使わないで書くわけにはゆかないので、いくつかの重要な用語は厳選して用いたのである。しかしそれなりにかなりの苦労と勇気を必要とした。

もうひとつの要因としては、わが国の伝統仏教だけを見ても、千五百年にも及ぶ仏教の長い歴史の中で種々の理由によって宗派が増え、戦前の時点で十三宗五十六派と言われるほどに宗派が非常に多い（文化庁『宗教年鑑』平成二十四年版によると、平成二十三年現在で百五十六の宗派があるという）。それに加えて何十という仏教系新宗教があり、それら各宗派や新宗教が説くところがそれぞれ微妙に異なったり、さらには自力系（天台宗・真言宗・禅宗など）と他力系（浄土宗・浄土真宗など）とでは、見かけ上は正反対の教説が説かれているので、初心の人々はどれが本当なのか、とまどってしまう点が挙げられる。この疑問点は仏教の理解が深まれば、いずれは解消するものである。本書のねらいの一つはそこにもあるのである。

以下筆者の力を尽くして、二元性一原論を本書全般にわたって展開しようと考えている。それを読まれて、二元性一原論に貫かれた仏法の美しさと真実性を感じ取って頂ければ、望外の喜びである。

第二章

仏教を貫く論理を超えた「一つ」

一　仏教で多用される「一つ」とは

禅宗の中の臨済宗で使われる言葉に打成一片《だじょういっぺん》というのがある。これは、打って「一つ」にするという意味で、一つに成り切ることを言うが、禅では三昧《さんまい》（後述）の端的を打成一片と言うのである。この「打」は強意のための助字である。したがって「一つ」ということがいかに仏教で大切にされているかを示す句と言えよう。前章で述べた、とても同じとは考えられない正反対の二つをまとめて一つにするのに、力強い「打つ」という語が使われており、それはパーンとたたいて一つにしてしまうというニュアンスである。

言うまでもなく仏教には悩みを超えるという主眼目がある。静かに考えを巡らしてみれば、人間が悩んでいるときは、必ず二つになっていることに気が付く。この二つになるとは、あっちを立てればこっちが立たず、こっちを立てればあっちが立たず、というふうに、あっちとこっちが相いれない状態になることを言う。そのときほとんどの場合に、反対対立があり、摩擦を起こし、互いに争い、人間は混乱し悩むのである。一つになっていて対立がなければ、そういうことはなく悩みはしない。

この、あっちを立てればこっちが立たず、こっちを立てればあっちが立たず、という状況は人間世界の日常茶飯事で、大小のものが毎日のように押し寄せてくる。今日この大きな例としては電力に関するものが挙げられよう。国中の電力の逼迫と原子力発電の大きな危険性との関係である。これは国を挙げての大苦悩である。これについては説明の要はないであろう。

小さなものとしてはタバコが一例だ。筆者は幸いにして三十数年前にタバコを止めることができたが、今日のように社会的にも喫煙が制限されてくると、喫煙者の心中には、タバコを吸いたい気持ちと、タバコを止めたい気持ちが同居して闘っているのがふつうだろう。ストレスがたまったときなどには、煙を吐き出すたびに、もう止めよう、ここで止めようと思いながら、

「そうさ、タバコを吸えなくてイライラするより、同じ吸うなら気持ちよく吸った方が体にいいはずだ」

と、自分自身に言い聞かせ、タバコを正当化しながら吸ったりするが、このように心の中に二つの反対の気持ちが入れ替わり立ち替わり、時には同時に現れるものである。これが悩み苦しみの例で、この時、心は二つになっているのである。二つになるところが人間という存在の宿命なのである。本能と理性の葛藤とでも言うべきか。

要するに二つとは分裂現象なのである。その二つを一つにして、分裂現象を消してしまえというのが「打成一片」である。

二　二つに分かれると悲劇、「二見に堕すな」

家庭にしろ、スポーツチームにしろ、はたまた国にしろ、二つに分裂したのでは悲劇である。夫婦や親子が分裂した家庭は崩壊家庭である。チームの心が一つにまとまっていなければ、野球でもサッカーでも勝てはしない。民族二分裂の大悲劇は旧ドイツや朝鮮半島を見れば明らかである。

ところが悲しいかな、人間一般は普通、二分された片方が良いと思い込む。片方が良いどころか、多くは片方でなければならないと深く信じている。ひどい場合にはこれがイデオロギーにまで発展し、越境者を銃殺する蛮行を犯すまでになる。たとえば普通は、「マイナスや退歩などもっての外、前向きの進歩あるのみ。企業や経済は常に進歩と拡大だ」と。あるいはその逆に、マイナスを主義とし、まじめに働くことを軽視し嘲笑して、ヒッピー的になる。これらはどれもが二つへの分裂である。悲しいかなこれは人間の通弊であって、人間は必ずと言ってよいくらいにどちらかへ偏るものである。

しかしそういうのを、禅では「二見《にけん》に堕《だ》すな」と言って厳しく戒めている。対立概念の一方を良しとし、他方を排斥する姿勢は堕落というわけである。さらにこのことを強調するために、「正」しいとは「一」に「止」まると書くとさえも教えているくらいである。

なお、この世の中には「○○主義」というものがたくさんある。自由主義、社会主義、民主主義、共産主義、資本主義、商業主義、功利主義、事なかれ主義……などその例である。そして人々の中にはどれかの主義を信奉して、かたくなな姿勢や態度を取る人も多い。もちろんこれらのどの主義にも、それなりの一応立派な理由と筋道はあるものの、主義というものには必ずそれに対立する反対の主義が現れるものである。ゆえに主義というものはそれがどんなに立派でも、二見に堕していることになる。

念のためだが、仏教は釈迦主義ではない。およそ主義というものではないのである。それならば何か？　仏教はお釈迦様が発見された天地の道理であって、お釈迦様が発明された主義ではないのである。だから二見に堕してはいない。この点は非常に重要であるし誤解されやすいから、読者諸氏にもよく心得ておいて頂きたい。

本章の観点から言えば、仏教が主義に（つまり二見に）陥らないためには、論理を超えざるを得ないのである。

三　「一つ」は悟りへの道

人間は自己が統一体になるのが理想である。「打成一片」にしろ「二見に堕すな」にしろ、このことを裏付けている。別の表現をすれば、統一体になることが悟りであり解脱なのである。悟りと言えば死ぬことをあきらめるなど、ふたこと目には生死が顔を出すのがふつうだが、その場合、死を嫌って生に固執すると、二つになり統一体でなくなる。逆に死を好んで生を嫌ってもいけない。生死を乗り越えてこそ統一体となり、悟りである。

　道元禅師著『正法眼蔵』「生死」巻には、生死に関して一つになるよう下記のように書かれている。（ただし、原文のままでは分かりづらいので、仮名を漢字に変えるなど分かりやすくしておく。）

「この生死は、すなはち仏の御いのちなり、これを厭《いと》ひ棄《す》てんとすれば、すなはち仏の御いのちを失ふなり。……厭ふことなく、慕ふことなき、この時はじめて仏の心に入る。ただし心をもてはかることなかれ。言葉をもていふことなかれ。ただわが身をも心をも放ち忘れて、仏の家になげ入れて、仏の方よりおこなはれて、これに従ひもてゆくとき、力をも入れず、心をも費さずして、生死をはなれ仏となる。」と。

　死を嫌って（われわれのふつうの気持ち）もいけない、望んで（たとえば自殺希望）もいけない、どちらも二つになってしまうというのである。生も真理の現れ、死も真理の現れ。（仏教的には「生也全機現《しょうやぜんきげん》、死也全機現《しやぜんきげん》」という言い方もされる。）ゆえに嫌わず望まず、この時はじめて「一つ」になるのだ。これを生死一如という。

　前節で二つは日常茶飯事だと言ったが、本当に些細なことでも二つになってわれわれは軽い苦しみを味わう。朝起きて、洗面所に顔を洗いに行く。水道の蛇口をひねって石けんを手に取るが、石けんを泡立てている間に、水はどんどん流れてゆく。この時、一方ではもったいないから蛇口を閉めようと思いながら、他方では、泡だらけの手で蛇口を閉めると、また蛇口を洗わなければいけなくなるな、などと迷う。顔を洗うだけでも、自分の心が二つに分かれて闘っているのである。われわれの日常生活とは、朝目覚めてから夜眠りにつくまで、そういう闘いの連続なのである。

前節で、電力とタバコという大小両極端の分裂現象の例を挙げたが、その中間にある、さまざまな家庭内から世界までの、人間が生きるという行為では、二つという分裂現象がほとんどを占めているとみられる。だから人間の大人の多くは苦しんだ暗い顔をしている。救われた安らかな顔にはなかなか会えないものだ。このことは四諦の法門の苦諦だと思われる。この原稿をしたためている最中（二〇一二年七月二日）に、小沢一郎民主党元代表が民主党を離党し、民主党は分裂したという新聞報道（毎日新聞夕刊）が入った。そこに小沢氏の写真も掲載されていたが、氏の顔つきは表現を絶する悩ましいものだった。

そのために仏教では、身心不二《しんじんふに》、非実非虚《ひじつひこ》、方便即真実、雄弁即沈黙……などという言い方を多用して、分裂相克を避け、何事も「一つ」にまとめて衆生を救おうとしているのである。そしてその内容は形のうえでは二元性一原論をしているのである。

そこで本書では、この種々の「一つ」を二元性一原論の角度から取り上げ、説明していこうとしているのである。そしてここまでは序論であって、以降いよいよ本論に入る。

四　本田さんのアクセルとブレーキ

天下の本田技研の創立者で初代社長だった、本田宗一郎さんは、さすがこの「一つ」の哲理を非常に大切にされていた方だった。

あるとき、筆者はその本田さんから次のような質問を受けた。

走るには——→アクセル

止めるには——→ブレーキ

これでよいか？　というのであった。

筆者はこのクイズを受け、「これでよろしい」と答えたのだが、叱られてしまった。本田さんは「君な、アクセルで走れるのなら、あそこに停めてある私の車のブレーキを外してやるから、それに乗って走ってこい」と言われた。——「アッ、そうか！　なるほど、走るのにもブレーキが要る！」。ブレーキなしでは危なくて走れない。筆者は完全にやり込められてしまったのだった。

続いて、「それなら止めるのはどうだ？」と問われたので、よし、こういう次元の高いことを言われる方には逆説でいこうと、とっさに思い、「本田さん、止めるのはアクセルです」と答えたところ、ＯＫが出た。ただしその時、筆者は本当の理由は不明なまま、やみくもに逆説的に答えてパスしただけのことで、果たして止めるのにどうしてアクセルが必要なのかは、納得できないままだった。

ところが翌日、自分の車を車庫に入れている時、そのことがふっと頭をかすめ、「アッ、自分は今どっちを踏んでいるのかな」と意識したら、なんと、アクセルを踏んでいるではないか！

その時、さすがは本田さんだと、つくづく感心した次第だった。本田さんは、「一つ」を心得られた優れた方で、このアクセルとブレーキのクイズは、その「一つ」をいかにして自社の従業員たちに分からせようかとの苦心のアイデアだったのである。

ただむちゃくちゃに止めるのではなく、人の邪魔にならないように駐車場の仕切り線の中へ止める場合は、アクセルでその場所に入れ、最後にブレーキを踏むのである。アクセルなしには、きちんと止めることも不可能だ。

要するに、走るにしても、止めるにしても、アクセルとブレーキという、互いに正反対のハタラキをする二つが不可欠であり、さらにその二つを、けんかさせずに協調させることが必要なのである。このことを図式的に書き表すと図1のようになる。

以下【走】についても【止】についても内容は同じことになるので、【走】についてだけ説明してゆく。

ひと口に走ると言っても、暗黙のうちに、安全に走ることを意味しているわけで、したがっ

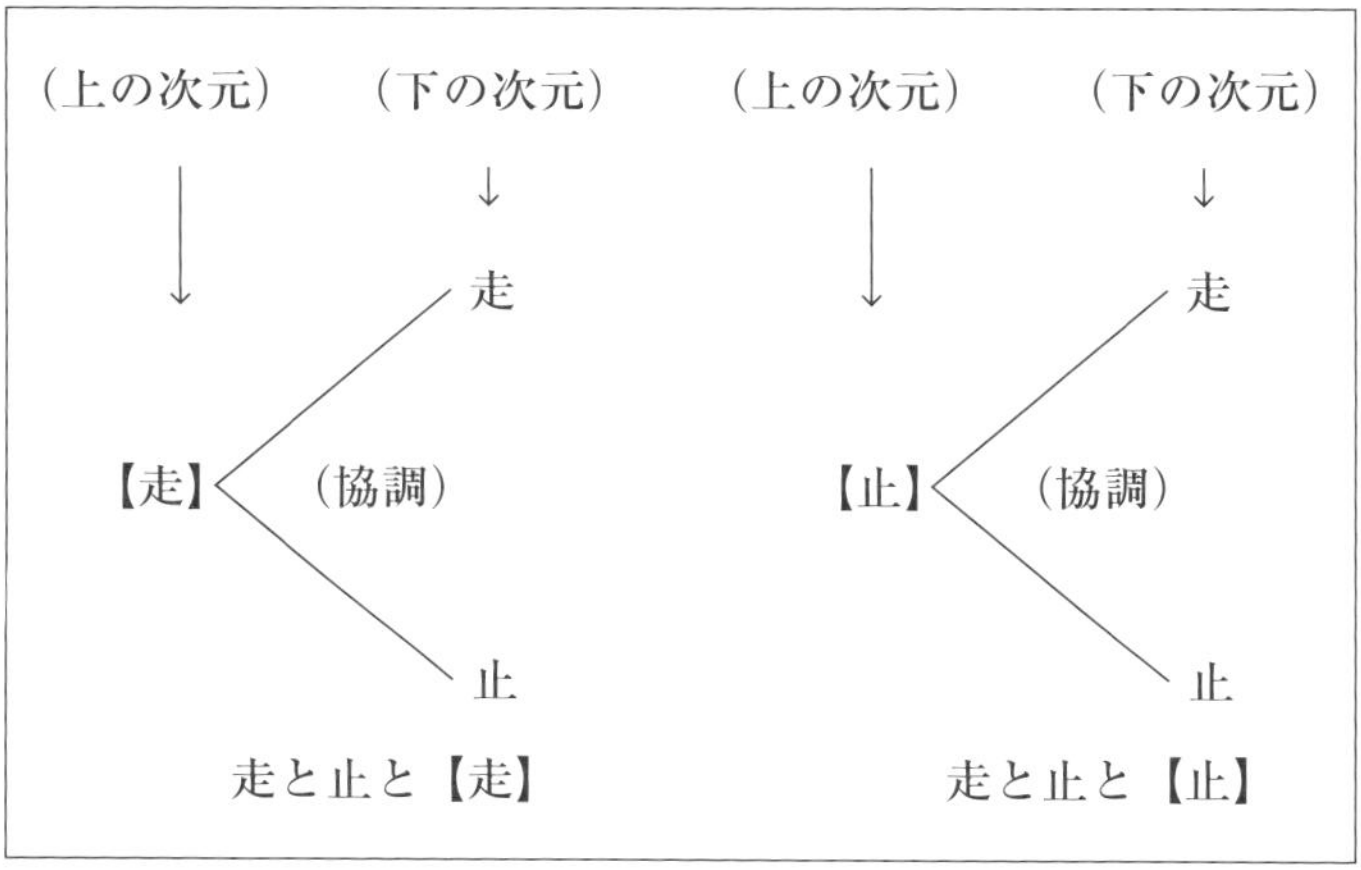

図１　走と止を例にした二元性一原論

てそれは、図での走ではなく、【走】を示しているわけである（【　】が付いている点に注意）。

ここで、走と止とは正反対の対立概念で、これが二元である。そして、括弧付きの【走】が一原で、括弧なしの走と止という対立概念が溶け合って「一つ」になったと観るのである。これを合一とも言う。哲学的には、上の次元の【走】は下の次元の走と止という対立概念を止《し》揚《よう》（ドイツ語で、アウフヘーベン）したものと言う。

この図1を完全に理会（理解でなく理会、理由は本章第一〇節で述べる）できるかどうかが、仏教の二元性一原論としての「一つ」を理会できるかどうかにかかっている。したがって図1は非常に重要な図である。

また図1を仏教語的に表現すると「走即止」（あるいは「不走不止」）となる。

五　通さない物がなければ流せない

別の例として、電気を流す場合を見てみよう。

言うまでもなく、銅とかアルミニウムなどの金属でできた、（その中を電気が流れる）導線というものがなければ、電気は流せない。しかし導線とは性質が正反対の、電気を通さない絶縁物という物なしには、電気を流すことは不可能なのである。

たとえば、送電線の鉄塔でも、あるいは電車の架線でも眺めてみれば、電線（導線）を吊り下げている、ひだの付いた白い陶磁器製の碍石《がいし》（絶縁物）が必ず目に入るはずである。もしもその碍石がなかったとしたならば、発電所で起こした電気は、発電所でショートしてしまって、こちらまでは流れてこない。

それどころか、絶縁物なしには発電そのことさえもが不可能なのである。発電機には、導線を何回も巻いたコイルが不可欠だが、裸の銅線を巻いてもコイルにはならない。それは、裸の銅線ではショートしてしまって、一回しか巻かなかったことになるからである。表面が絶縁物で被覆された導線を巻く必要がある。

電気を流す導線と、流さない絶縁物との両方があってこそ、はじめて電気を役に立つように扱うことができるのである。一般に、電気を扱うところでは、必ず電気を通す導線と、通さない絶縁物とがうまく使われている。図示すれば図2のようになる。

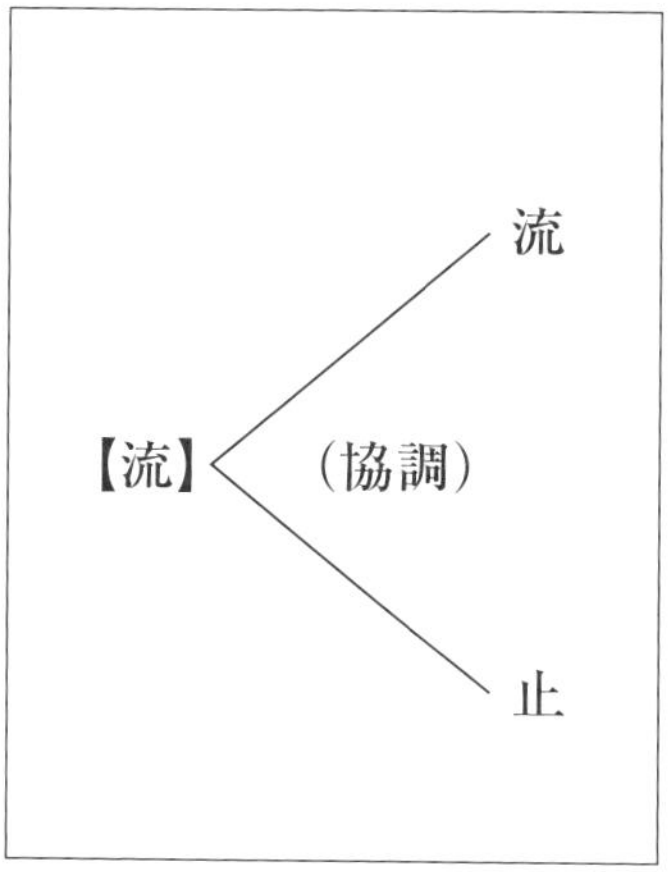

図２　流と止と【流】

まったく同様のことは、水道のホースについても当てはまる。ホースのハタラキは、蛇口から目的の場所まで水を流すところにあるが、それはゴムとかビニールとかという、水を通さない物質で作られている。もしも、ホースは水を通すものだからといって、水を通す材料、たとえばガーゼなどで作られたとしたならば、水は途中でジャージャー漏りになってしまって、およそ役をなさないわけだ。

六　一般化した「一つ」

以上、走る：止める、流す：流さない、の二例を挙げたが、このような対立概念の「一つ」への溶け合い、あるいは協調・止揚は、これらの例に限らず、次のように一般的に成立することなのである。

すなわち、一つの事柄をスムーズに運ぶためには、まず第一に、プラスの要因とマイナスの要因との両方が必要であり、第二には、その両者をけんかさせるのでなく「一つ」に溶け合わせ、協調するように運営することである。図示すれば図3のようになる。

図3　一般化した二元性一原論

これを、＋（プラス）と－（マイナス）、あるいは陰と陽という正反対の二元を一つ（一原）にまとめる、すなわち合一させると言う。この図3は、極めて貴重な図式である。本書中で最も重要な宝と言ってよい。読者にもそのように心得て頂きたいものである。とくに「即」の一文字に注意してほしい。後で述べるように、この「即」こそは人類が到達し得た最高の智慧で、大蔵経の中で最重要の文字と言ってよいのである。有名な「色即是空、空即是色」の即である。図3は「＋即－、－即＋」と読む。

七　「一つ」への到達は大難関

このように説明してくると、前記のアクセルとブレーキや、電気の導体と絶縁体の例は、厳選された極めて分かりやすいものゆえ、対立概念を「一つ」にまとめるということは何でもない当たり前のことのように思われるであろう。そしてそのとおり、事実の世界である現場では、当たり前に実行されていることである。自動車の運転は、今ここで論じているような小難しい理屈など知らなくても、アクセルとブレーキの両方を使ってごく普通のこととして行われているし、電気工事の現場では、なんの疑いもなく導線を碍石に吊り下げる工事が行われているわけである。

しかし言葉を専らとする概念の世界ではそうはいかず、「一つ」にまとめることは大難問となる。たとえば会議の席上などでは、「走るのはアクセルだ」という二見が平然とまかり通ってしまうし、おそらく誰もが、それに対してブレーキが要るとは反論しはしない。議論の席上のような、つまり概念の世界では、「一つ」にまとめるという達見は普通には現れないのである。本田宗一郎さんのような方は別として、世間一般では二見のままで議論が進み、誰もがそれに対して疑念を差し挟まない。それで結局、人間一般は苦しみもがくことから脱出できないでいるのである。

しかも、幸いにも縁あって禅の修行にでも入ると、以下に述べるように知識や並のレベルの知恵が否定されることになる。そこで修行者は初めは面くらい、わけが分からなくなってしまうのである。

それは、「一つ」になることは、われわれに「理性の世界を飛び出せ」と、途方もないことを要求するからである。人間一般が金科玉条としている理性というものの否定に直面するのである。人間は理性ある動物だから、誰もが理性というものを大切にし、それは良きものと信じ込み、理性を向上させようと努力し、理性に欠点などあるはずはないと思っているのに、それを捨てよと迫られるのだ。さもなくば、以下のようなわけで「一つ」には到達できないからである。

古くから、人間は考える動物と言われている。そしてその考えるためには言葉を使う。ところが、理性の旗印とも言うべき、この言葉というものがじつは非常なくせ者なのである。なぜかと言えば、以下のように、言葉には「合わせる」とは反対の「分ける」という本性があるからである。言葉というものが表すのは概念であって、その概念は、物事を、大：小、善：悪、美：醜、好き：嫌い……というように、互いに対立し相反するものに二分する（対立する二元に、分ける）という本質を有している。思考は、その分けられた一方だけを組み合わせて構築される。二分した一方を幾重にも積み上げてゆくのが思考一般なのである。

たとえば「このリンゴは私のものでしょうか」という思考に関して言えば、①まず最初の「この」は、向こうにある「あの」ではなく、ここにある「この」を指しているわけだから、「あの」と「この」に二分して、そのうちの一方である「この」だけを取り上げているわけだ。②次の「リンゴ」は、「リンゴ」と「リンゴ以外のもの（柿とかミカンとか机とか鉛筆）」に分けて、そのうちの前者だけを取り上げている。③さらにその次の「私のもの」は、ものを「私のもの」と「人のもの」とに二分し、その一方だけを指示している。④最後の「でしょうか」は、「であります」という「決定」と、「でしょうか」という「疑問」の二つのうちの「疑問」である。ゆえに「このリンゴは私のものでしょうか」という思考は、二つに分ける行為が四重に積み重なって成立しているわけである。

つまり「一つ」ということは、合わせるという行為を必要とするのに、言葉を使って考えるという理性は、基本的に、それとは反対の分けるという本質を有しているのである。

気付いてみれば、一般のわれわれが、優れたもの、良きものと信じて疑わない理性というものこそが、物事を二つに分ける――分別《ふんべつ》する――大本であり、これが「一つ」への接近を不可能にする原因だったのである。すなわち理性こそが「一つ」にまとめることを妨げる原因で、その理性の特質である分別という世界を飛び出さない限り、「一つ」という宝は手に入らないということなのである。（この、ここで言う理性が、後述第八章第一節「般若と識について」（一八八頁）で説明する「識」である。）

先に、「一つ」とは「正反対の二つを合一させること」と事もなげに述べたが、それは換言すれば「異なるものは同じだ」という矛盾を納得しなければならないことになるので、「一つ」への到達は理性の世界の限界を超越する大難関だということが分かろう。

八　科学的理性の殻を破り、超理性の直覚へ

われわれは、この理性なるものの殻を破って大難関を越え、自由な場へ出なければならない。

難関を突破して、二元対立の束縛から解放されなければならない。それには分別とは逆方向の無分別の方向を目指さなければならないのである。ゆえに本来分別の方向を向いている理性をいくら働かせても、効果は現れない。いや、理性を働かせれば働かせるほど理解不能に陥るのである。

それならば、無知になればよいのかというと、いわゆる無知では、このように高尚な納得はだめであることは言うまでもない。

したがって、理性というものを超えるより他はないということになる。それならば理性なるものを超えたところには何があるのかと言えば、それは「直覚」あるいは「直観」である。このことは、科学的な思考では（自然科学に関してだけではなく、人文科学も社会科学も含めての）、この境地には到達できないということを示している。

この「直覚」による合一に、仏教では「即」という文字を当てている。この「即」こそは、人間一般の理性を超えた「直覚」あるいは「直観」の世界のことなのである。先にも述べたが、「色即是空、空即是色」の即である。この即こそは、「異なるものは同じだ」という無分別を表すもので、二元対立からの解放である。その総文字数、約八百六十万字とも言われる膨大な仏典中で、最も重要な一字なのである。人類が到達し得た金字塔の頂点に位する文字である。

したがって、二元分裂し対立抗争する悲劇を避け、「一つ」の理想郷に入るためには、色即空・空即色、すなわち、大即小・小即大、美即醜・醜即美、前即後・後即前、急即緩・緩即急、主観即客観・客観即主観、陽即陰・陰即陽、迷即悟・悟即迷、煩悩即菩提・菩提即煩悩、生即死・死即生……と、あらゆる対立概念を合一してゆく必要があり、その一致しているところを西田哲学の言葉を借りて言えば、「絶対矛盾的自己同一」ということになるのである。

このように、「一つ」の理解は理性によっては不可能な難関である。「二元性一原論」とか「即」ということは理性による論理では理解し難く、感性による「直感」によってはじめて納得できるということを、ここで強調しておきたい。

「二元性一原論」や「即」を納得するためには、理性に染まってしまっている心を白紙にもどして、一度理性を捨て去り、「直覚」の世界へ入る必要がある。「異なるものは同じだ」ということは、直覚によってはじめて納得できることなのだからである。

九　言葉の否定

以上述べてきたように、言葉は二つに分けるという本性を有することが理由の一つであろうが、仏教、とくに禅宗では、われわれ一般人からすれば極端と思われるほどに言葉を否定し、沈黙を重視する傾向が強い。その世界では、「真理は言葉では言い表せない」とか「言葉で示したものはすべてうそだ」とかと言われている。

二元対立、分別を本性とする理性世界にいるわれわれからすれば、それは理解に苦しむところであり、人によってはめちゃくちゃな発言と思われるであろうが、以上述べてきたところから、このような「言葉の否定」ということも納得して頂けると思う。

したがって、ここで解説している文章も言葉に依っているので、基本的には分けているわけだから、「一つ」についての説明には限界があると言わなければならない。筆者もそのことを承知のうえで執筆しているのである。

一〇　理解と理会、表現の矛盾と理会の矛盾

前節で「理解に苦しむ」と書いた。この「理解」という語は、理性の「理」と分解の「解」とから成り立っている。とりわけ「解」は『学研漢和大字典』によれば、「「角＋刀＋牛」の会意文字で、刀で牛のからだやつのをばらばらに分解することを示す」「一体をなしたものを、ばらばらにわける。また、一体をなしていたものが離れわかれる」とある。ゆえに理解するとは理性でもって分けるという意味になる。

読者はこのことから、「一つ」ということは理解とは反対方向の作用だということがお分かりになるだろう。いや、そもそも「分かる」とは「分ける」ことを本質としていることを文字が物語っている。

ゆえに「一つ」は、分けないことだから分からないのである。理解とか分かるというよりも、「納

得する」とか「ドスンと心の底に落ち着ける」とか「腑に落ちる」とかと表現する方が当たっていよう。分けるから納得できるのではなく、合わせるから納得できるという意味で、理解ではなく、「解」を「会」に代えた「理会」という語を使うこともあるくらいである。この「理会」という語は明治時代の論文に見られたということを聞いている。

しかし、たとえ理会という語を使おうとも、「一つ」に合わせるということは、分解を本性とする言葉や文字の限界を超えている。そこで先人たちにはその表現に非常な苦労をされた跡が見える。後の第一二節で述べる西田哲学の「絶対矛盾的自己同一」もそうだが、「表現の矛盾と理会の矛盾」という言い方も生まれたと聞いている。前記した走即止、煩悩即菩提などは明らかに表現は矛盾しているが、心の基底では、もやもやしたものはなくなって、スッキリと腑に落ちている、つまり理会のうえでは矛盾がなくなっていることが重要なのである。

一一　ゼロ・ビットの助け

話の世界がにわかに変わるようだが、「一つ」や「二元性一原論」を理会する助けとなると思われるので、ここでコンピュータ関係の話をしたい。

コンピュータが扱う情報の大きさ（情報量）にビット（bit）という単位がある。たとえば半角の英数字一文字の情報量は8ビットである。（これはふつう1バイトということになっており、１バイト＝８ビットである。）

Yes か No か、右か左か、上か下か、白か黒か……など、二つに分けると1ビットの情報量が得られることになっている。右か左かという二区分のうちの右だけ、あるいは左だけだったら1ビットだが、それに上下が加わって、①右側の上、②右側の下、③左側の上、④左側の下と分けると区別は四つになり、その四つのどれもが２ビットの情報量を持つことになるのである。さらにそれに白黒が加わると、３ビットになって八種類の区別が出てくる。

複雑になるが、これを書けば、①右側の上の白、②右側の上の黒、③右側の下の白、④右側の下の黒、⑤左側の上の白、⑥左側の上の黒、⑦左側の下の白、⑧左側の下の黒となる。この八つのどれもが３ビットの情報量を持つのである。図示すれば図４のようになる。

一般に情報量は、ｎ段階に分けると（ｎビット）2^n の情報量となるように定義されているのである。右の例では、右側と左側とに1段階分けて2^1＝２分類（1ビット）、そこへ上と下という分類が加わって２段階分けたことになり、2^2＝４分類（２ビット）、さらに白と黒が加わると分類は３段階になり、2^3＝８分類（３ビット）となったのである。さらに分類の段階を上げて行けば、2^4＝16（４ビット）、2^5＝32（５ビット）……といくらでも分類は細かくなる。われわれが使っているふつうのパソコンは32ビットマシンと言って、32ビットを基本として動作しているのである。

以上述べたところが分類を推し進めていく分別の方向である。「一つ」は無分別だからこれ

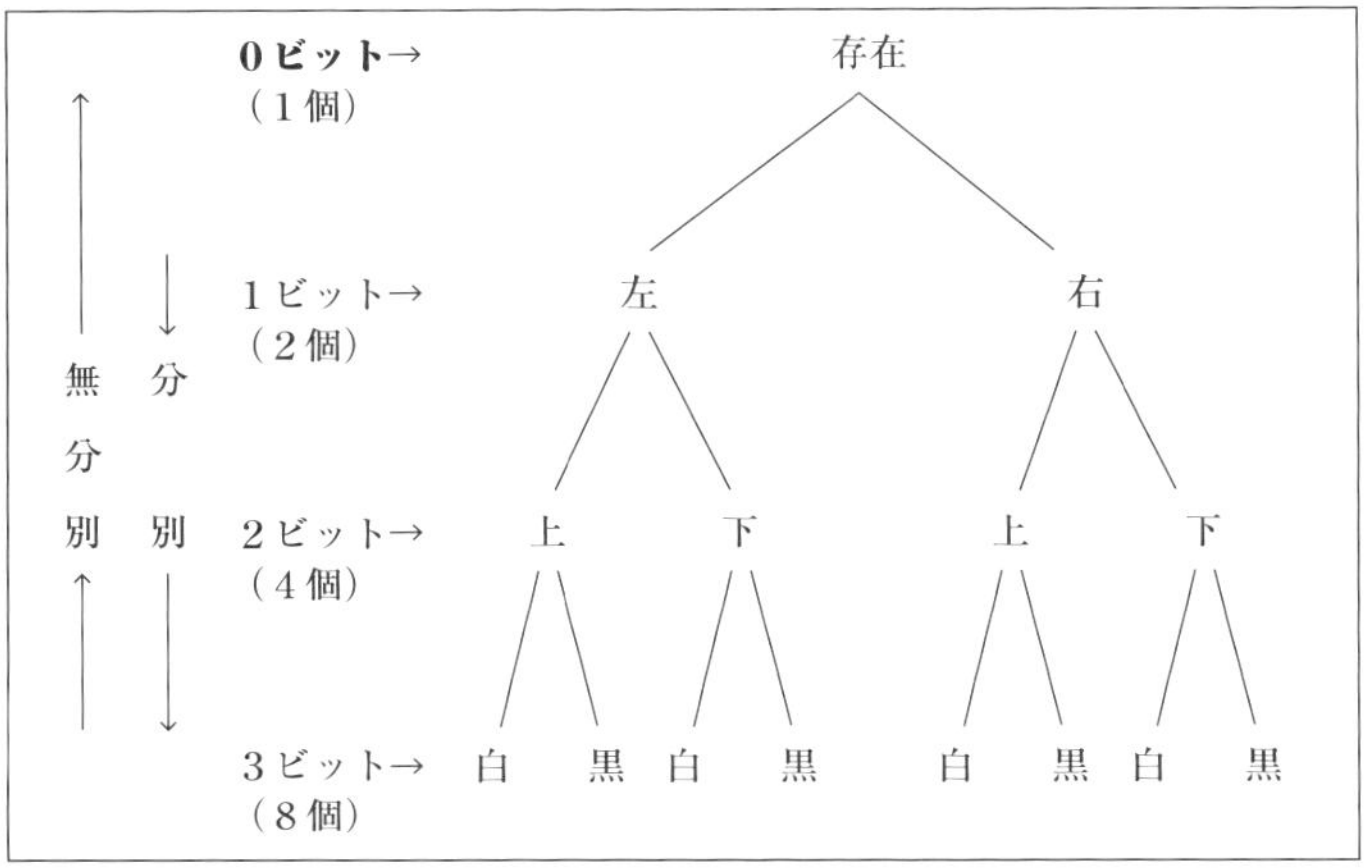

図4　分別の方向（下向き）と無分別の方向（上向き）

とは逆の、分類をしない方向なのである。つまり、そこに物があれば、白でも黒でも色のことは問題にしないでよいではないか、とすれば、3ビットは2ビットに減る（後述第三章第七節「白と黒は「一つ」」六八頁参照）。さらに上でも下でも位置のことなどどうでもよいのではないかと鷹揚《おうよう》に考えれば、その2ビットが減って1ビットとなる。もっと徹底して、右でも左でもそんなことは問題にしなくてよいのではないかと高をくくれば、さらに1ビット減って0ビットになるはずである。コンピュータには0ビットということはないが、この0ビットが完全な無分別である。

　正反対の異なるものがある状態は、1ビットである。打成一片はこの1ビットを0ビットにせよ、ということなのである。異なるものを同じと思え、と言うと無理な話になるが、このように、……3ビット↓2ビット↓1ビット↓0ビットと進めば、1ビットから0ビットへ進むのに、(そこを断崖絶壁と思わないで) 無理なくすんなりと行けるのではなかろうか。これは筆者の現代的な無分別解説の一つのアイデアである。
0ビットが納得できれば、「一つ」は理会できる。

一二 語ってもだめ、語らなくてもだめ

以下のような話を筆者は師である後藤老大師から伺ったことがあるので、参考としてここに記しておく。

禅の修行は、ここで説明している「一つ」を、修行者に本当に納得させるところにもあると思われる。

ゆえに師からの問いに対し、弟子は言葉でしゃべって答えたのでは不合格となる。しゃべることは分けることだからである。それならば、だまっておればよいのかと言うと、それもだめなのである。しゃべらないというのも分けたことになる。つまり、「しゃべる」「しゃべらない」は、どちらも対立概念の一方でしかないからである。ここで弟子は窮地に立たされるのである。

では、どのようなのが合格かと言えば、口を閉ざしたまま、心の底から「むー」とか「ぶー」と唸《うな》ると合格だと、筆者はかつて師から伺ったことがあった。

わが国が生んだ世界に冠たる西田哲学では、前記に説明したことを、

「絶対矛盾的自己同一」

と表現されている。これは西田先生、苦心の名言だと言わざるを得ない。

一三　「一つ」にとらわれると二見に堕す

ところで、人間頭脳の「二つに分ける」というハタラキは非常に強固で根強く、簡単に抜け出すことができるものではない。

その証拠に、前記のように「一つ」が重要であると強調すると、われわれは、「二つ」に分けることはだめだと思う傾向に陥るのである。この「陥る」という書き方をけげんに思われる読者もあろう。「一つ」が大切で「二つ」はだめだと、著者は長々と力説してきたではないかと、いぶかられるであろう。じつはそこが問題なのである。

気付いてみれば「一つ」はよくて「二つ」はだめだ、という考え方は、

「一つ」：「二つ」

という「二つ」に分かれたパターンになっているではないか！　これでは本当の「一つ」ではない。「一つ」に固執した結果である。「一つ」にとらわれると「二つ」になってしまう。われわれの頭の分けるというハタラキは、こんなにも強固なものだ。ここがまたもや難関なのである。
『信心銘《しんじんめい》』という禅の古書があるが、その中に、

二由一有　一亦莫守（二は一によりて有り、一もまた守ることなかれ。）

という件《くだり》があるが、大森曹玄訓註『禅宗四部録』（一一頁）によれば、これは二元対立の世界はその対立を可能にする根底があって、はじめて成り立つもので、その根底を絶対的な一と言うとある。その一を守る（固定化して見る）と、そこにまた対立が生ずるということを述べているのである。つまり「一つ」に固執すると「一つ」でなくなるのである。ゆえに本当の「一つ」を得るためには、「一つ」にもこだわらない柔軟な姿勢が必要で、すなわち前記の一般図式、図3に当てはめれば、図5（五四頁）のように「二つ」も許容し、「一つ」と「二つ」を合一止揚した【一つ】こそが本当の一つということになるのである。つまり「一つ」にならなければならないときには「一つ」の考え方をし、「二つ」にならなければならないときには「二つ」の考え方をする」ということになるわけである。難しくなるが、【一つ】ということは「不一

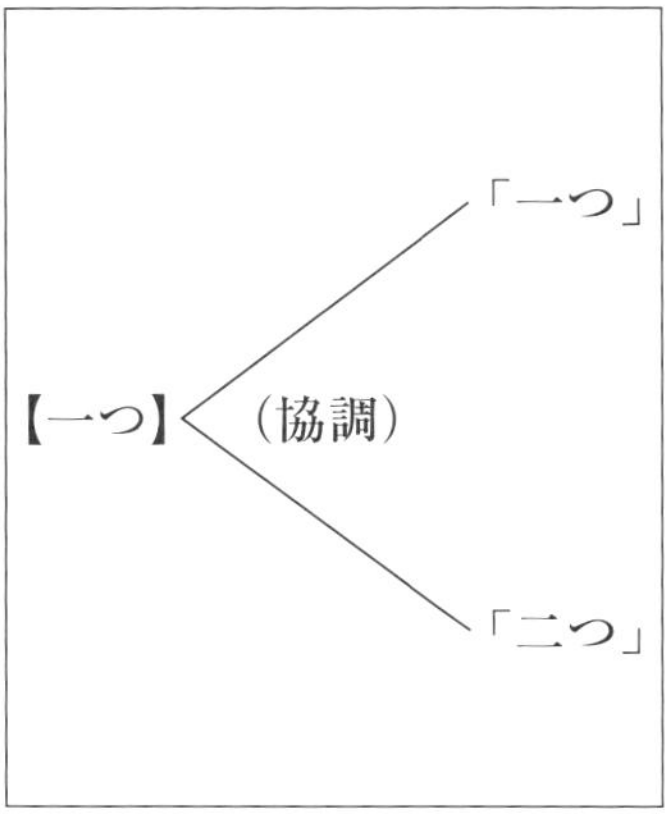

図５「一つ」にもとらわれないのが本当の【一つ】

不二」なのである（すみ付き括弧【　】と、かぎ括弧「　」の区別に注意のこと）。したがって、仏教は「二つ」も認めることになるので、科学の考え方をこばむことはしない。

読者の中には、それでは考え方の基準がなくなってしまうので、自分勝手のめちゃくちゃになってしまうのではないかと思われる方も、定めしおられることであろう。すなわち、「一つ」にならなければならないときと、「二つ」にならなければならないときとは、何を元に判断し区別できるのかという疑問である。

筆者は今ここで理屈をこねているわけだが、仏教は理屈よりも実践を重んじる。要するに口先で理屈を言うよりも修行せよということである。修行して心の底の底までが清らかに掃除できれば、ひとりでに間違いなく、この「一つ」と「二つ」の判断はできるようになるのである。要すれば、要するに、「一つ」にも「二つ」にもとらわれない、【一つ】が実行できて、問題を起こさないどころか、万事が真理のレールに乗ってすらすらと運ぶようになってゆくのである。

しばしば、「もう西欧の哲学は二元論で行き詰まってきて、現代の諸々の難問題解決には役立たないことが分かってきた。これからは東洋の一元論が見直される時代になった」と言われるが、これが本節で注意をうながしたことである点は、すでに読者にはお分かりになっていると思う。（くどいようだが、【　】と「　」との違いに注意してほしい。）

一四　仏の智慧

何はともあれ、「対立概念を超えたところに真の解決がある」ことを発見した先人たちは、優れて偉大であると言わざるを得ない。ここに人類最高の智慧――無分別智――が観られる。無分別智は仏のものである。

この智慧には主観と客観の対立はない。主・客も合一しているのである。それは実践としては、坐禅・念仏・唱題をはじめとした、我を忘れるまでに精神統一する三昧である。このゆえに、「一つ」の思想こそは、カントやヘーゲルの哲学をはじめとする西欧の大哲学よりも上位に位置するのである。

第三章

日常の「一つ」

一　ガスレンジの「一つ」

第二章第六節の図3（四一頁）で示した「一般化した二元性一原論」は、仏教教理だけに限ったものではない。天地の真理を表すものだから、われわれの日常の身の回りの現実をそのつもりになって眺めてみれば、概念の世界でなく物をはじめとする事実の世界は、すべて図3にかなっていることが分かってこよう。

たとえば、台所のガスレンジである。日頃は何の気なしに使っているものだが、ガスレンジでも燃やすハタラキと、その反対の燃やさないハタラキとが一つに溶け合っている。

ガスレンジは火を点けて料理のために鍋やフライパンの底を加熱することがその役割であるが、火は鍋やフライパンの底だけを加熱する方向に向かうように設計されており、周りの壁には火が向かわないように、つまり家は燃やさないような構造になっている。

これが、ガスレンジの場所でレンジでなくたき火をしたとすれば、鍋やフライパンも加熱されると同時に、壁が燃えだして火災になってしまう。へりくつを言っているように思われるかもしれないが、現にそうなのである。

ガスレンジに限らず、火を扱う道具というもの、たとえばバーナーは、それを持つ手元にいかにして火が回らないようにするかが、設計の要点の一つなのだ。半田ごてという工作道具があるが、あれはこて先は半田を溶かすくらいの高温に加熱するが、それを持つ柄にはできるだけ熱が伝わらないようになっている。つまり半田ごてでも、加熱と不加熱とが同居していてこそ、はじめて安全な道具になっているのである。

ガスレンジにしろ、バーナーや半田ごてにしろ、ふつうわれわれは加熱するもので冷却するものではないと早合点しているが、それは言葉を使って認識しているからで、ありのままを見ていないのである。静かにありのままを観察すれば、必ず反対のハタラキが同居していることに気付くはずだ。

刃物でもそうである。刃物は切るものだとだけ思うのは半分しか見ていない。手で持つ柄のところは切れないようになっている。切れる部分と、その反対の切れない部分との両方があってこそ、切る道具として使えるのである。オルファという商品名の替え刃式ナイフが普及しているが、替え刃だけでは手を切ってしまうので、危なくて使えない。替え刃を本体に取り付け、手は切らないようにしてこそ、刃物として役立つのである。

写真に関しても同様である。写真を撮るには被写体に光が当たっていることが必要だが、写したいところのすべてに光が当たっていたのでは、でき上がりの写真は明るい白一面となって、写ったことにはならない。光の当たらない部分というか、陰というか、つまり明暗があることが必要である。いかにうまく明暗を付けるかが良い写真の条件である。写真も「明」と「暗」の助け合いなのだ。

このように、身の回りの品々を眺め直してみれば、四一頁の図3が表す二元性一原論はいたるところに存在していることに気付くはずだ。ただわれわれ自身が、ふつうにはそのように見ていないだけのことなのである。

二　手に関する「一つ」

身の回りの道具類よりも、もっと身近な自分自身の手について見てみよう。

自分のものであるにもかかわらず、あまりにも使いずくめで意識されないようだが、手では連続とその反対の不連続とが融合して用をなしている。手の平が連続部分、指が不連続部分である。水鳥の足のように水搔きがついていて、それが指先までつながっていたならば、不連続部分がなくなって箸も持てないわけだ。反対に手の平がなく、手の付け根まで指になっていたとしたならば、連続部分がなく不便極まりなかろう。手は体の一部であるから、そのハタラキは意識さえすれば観察しやすい。指と手の平の協調がどのようなものであるか、じっくり味わってほしい。

三　成功した講演会は「一つ」

筆者は長年にわたり、講師としていろいろな講演会で話をしてきた。そして講演の後で反省してみると、今日は非常にうまくいった、大成功だったという場合は、聞き手である聴衆と、演者である講師（筆者）とが溶け合って、講演会場全体が一つにまとまっていたことに気が付いた。

講演会は、大きく分けると、聞き手と講師という二つになるが、それが二つのまま話が進んでいく場合には、講師がしゃべったことが聞き手によく通じていないことが多い。講師側の感じでは、聞き手の前に透き通った大きな邪魔板があって、その板で話がピンピンはね返ってくるような気分になる。聞き手側はざわざわとして雑音が多く、しんぼうして聞いているという顔つきになってきて、あくびが出たり、早く終わらないかと腕時計を見たり、というしぐさが増えてくる。こうなるとその講演会は失敗である。聞きたくない人に対して無理やり話を突っ込んでいくわけで、講師は与えられた講演時間を話で埋めることが難行苦行になり、くたくたに疲れてしまい、当然講演が終わったときの拍手もまばらである。

これに対し、講演がうまく進むときは、いつの間にか聞き手と講師とが一つになって、会場全体がまとまってくる。聞き手はもちろん声を出してしゃべるということはないのだが、講師には聞き手からの無言の反応がひしひしと返ってくるのが分かるものである。この反応が良い場合は、講師は自分でも思わぬ良い話が頭に浮かんできて講演は白熱してくる。大勢の聞き手の中に一人でも二人でもよいから、首を縦に振ってうなずきながら聞いている人があれば、講師は非常に話しやすくなり、話が盛り上がってくる。次は何を話そうかと考える必要はなく、聞き手が聞きたがっていることが分かるので、ひとりでに話が口から出てくるのである。演者がしゃべると言うよりも、聴衆が演者をしてしゃべらせるという状況になってくる。

こうなるとその講演会場はシーンと静まりかえり、雑音が少なくなる。これはおそらく聞き手が話に聞き入って、体を動かすことが少なくなるから衣擦《きぬず》れの音が減るのではないかと思われる。聞き手の姿勢は誰もが前かがみになり、一言をも聞き逃すまいと真剣である。このような状態を聞き手と講師とが一つに溶け合った状態と言う。もちろん講演は大成功で、終わったときの拍手は会場をゆるがすほどだ。そして講演の後で、聞き手の誰かが会いに来られ、「あの話をうちの会社でもやってくれ」というように、次の依頼が来るものである。

また、良い講演をするには雄弁でなければならないことは言うまでもないことであるが、その雄弁を養い支えるものは、弁舌の反対の沈黙なのである。

まず第一に、準備として、講演すべき内容を十分に練っておかなければならない。そのためには頭をスッキリさせることが肝要だが、それには坐禅がいちばん良い。坐禅は沈黙である。沈黙が雄弁を支えるのである。

また日頃からさまざまな話の種を頭の引き出しに入れて整理しておき、あらかじめ講演内容は決めてはいるものの、講演中にその場に応じて臨機応変に、その引き出しから、そのときの聴衆の反応にピッタリの話を取り出して、即興的に編集しながら講演を進めるのが最高である。

これができるためには、与えられた演題に対してあらかじめ用意した内容の十倍くらいの話の種を、引き出しの中に持っている必要がある。その引き出しを満たすのは、沈思黙考なのである。この意味でも、雄弁とその正反対の沈黙とは「一つ」になる。

さらに講演中の間《ま》の取り方が、講演を成功させたり失敗させたりする。それには聴衆の無言の反応を機敏に感じ取る必要があるが、この間《ま》は沈黙である。喉がかれて水を飲む。その間《あいだ》も間《ま》である。水の飲み方も演者としては修行が必要である。この面においても、しゃべることと、しゃべらないことは助け合って「一つ」になっているのだ。

このように、講演に限らず、「一つ」は物事を成功させるコツである。

四　名演奏会も「一つ」

同様のことは音楽の演奏会についても成立する。恥ずかしながら筆者は昔、ある交響楽団のメンバーとして、五年間ほどフルート部門を受け持っていた。何度も定期演奏会を経験したが、演奏がうまくいったときは、あ、よく聴いてもらってるなという雰囲気がフルートを吹きながらでも感じられたものであった。出した音が聴衆に吸い取られてゆくという感じがした。そういうときはひとりでに熱演になる。オーケストラの場合は講演とは違って演者は一人ではなく数十人なのだが、その数十人の息が見事に揃い、ヴァイオリンが好調だと、勢い管楽器もさえてくるというふうに、メンバー各々が無言のうちに刺激し合うのである。そして聴衆がいないリハーサルでは味わえなかった快適な演奏ができたのだった。まさに聴衆のおかげで、聴衆にエクサイトされて良い演奏になったという感じだった。指揮者と数十人のオーケストラメンバーの一体はもちろんのこと、聴衆との一体感を味わったことが少なからずあった。

講演会も音楽会も、演者の方から聴衆に向かって聴かせるという一方向ではない。無言の反応が聴衆から演者に向かってくるという双方向なのである。この双方向のやり取り（二元）がうまくいったときは、会場全体が「一つ」（一原）になっていたのだった。

このことは自分が聴く側になった場合の教訓になったことは、言うまでもない。

さらに音楽演奏で注意すべき大事な点は休止符、つまり間《ま》の取り方である。非常に微妙な感性の話になるが、間の取り方一つで、演奏は生きたり死んだりする。音を出している音符のところよりも、音を出さない休止符のところの方が気を使うのである。音は、音が出ていない間によって支えられているのである。こうして、音と音のないことが「一つ」になっているのである。これは雄弁と沈黙の「一つ」と同じことである。

五　カール・セーガン博士の名挨拶「一つ」

米国の天文学者であり作家でもあったカール・セーガン博士が、日本の本田財団が出す本田賞を受賞した時の祝賀晩餐会でのことである。それは立派なホテルで催された。筆者もその他大勢の一人として招かれ、参列した。

食事も進み、デザートコースに入り、いよいよカール・セーガン博士の挨拶の時となった。食卓にはカーネーションなどの盛り花の中央に、米国の国旗、星条旗と、日本の国旗、日章旗が組み合わせて立ててあった。

博士はその二本の旗を眺めながら、「……日章旗は太陽で昼だ。そして星条旗は星で夜だ。だから正反対だ」と話が進んだので、筆者は、おう！　正反対の二つが出てきたぞ、次はどのように話が展開するのかなと、半ばわくわくしていたところ、「しかし考えてみれば、太陽も星の一つだ。だから同じだ」と見事に、「一つ」にまとめられたのであった。うまい！　と筆者は思わず笑顔になった。

正反対の二つを一つに溶け合わせるとは、こういうことである。さすがはカール・セーガン博士だと感嘆した次第だった。

ここで一言注意しておきたいが、本書で述べる「一つ」ということは、どの角度から眺めても同じということではないということである。どの角度から見ても同じというものはそのもの以外にはなく、それ自身だけである。たとえ、大きさ、形、材質……などすべてが同じものであっても、存在する場所は同じではない。物はそれが在るところに他の物を存在させることはできないからである。むしろこのことこそが、物の特質といえるくらいなのだ。

だから「太陽も星の一つで同じだ」と言っても、それは恒星という意味で同じなのであって、地球からその星への距離はまったく違っている。太陽がなくなったと仮定した場合、太陽以外の他の恒星で太陽の代用ができるかということになれば不可能と言わざるを得ない。こんなわけで、太陽と他の恒星とは違うのである。

ゆえに「一つ」ということは、詳しく言えば、「異にあらず同にあらず」「一つでもなく二つでもない」「不一不二」ということなのである。

さらに言えば、「同じということは、違ったものの間で成立する概念」だということになるのである。

六　アームストロング宇宙飛行士の「一つ」

ニール・オールデン・アームストロング宇宙飛行士は、人類で初めて月面に降り立った人である。

彼は、はしごを下り、左足を月面に踏み降ろしながら、次のような名言を地球に伝えてきた。

「これは一人の人間にとっては小さな一歩だが、人類にとっては大きな飛躍である」と。

これは一九六九年七月二〇日（米国東部夏時間で午後四時一七分）のことだが、この言葉は、固唾を飲んでテレビに張り付いていた多くの人々をウーンと唸らせたものだった。筆者が推察するに、それは一つのフレーズ（一言）の中に、「小さな」とその正反対の「大きな」が含まれているからだろう。つまり二元性一原論的になっているからであろうと思われる。筆者はこれは名言というものの一つの条件だと考えている。

ここで気を付けなければならないことは、同じ二元性一原論と言っても、もしも、

「命がけで月まで来た私にとっては、この一歩の意義は大きいが、地球上でテレビを見ているあなた方にとっては小さなものである」

と言ったとしたら、誰も唸らなかったであろう。これは前に述べた本田さんのアクセルとブレーキのたとえ（第二章第四節、三六頁）に当てはめれば、アクセルとブレーキの踏み間違えということになるのである。いくら、走るのにアクセルとその反対の作用をするブレーキとが必要だと言っても、それを踏み間違えては大事故を起こす。

読者諸氏へのアドヴァイスだが、聞き手に感銘を与えて印象に残るような話をするコツの一つは、前記カール・セーガン博士やアームストロング宇宙飛行士のように、一言の中に正反対

の二つを入れるところにあると言えるのである。

七　白と黒は「一つ」

白色と黒色は正反対のことに当てはめて使われることが多い。勝敗の白星・黒星がそうである。また是非善悪にもしばしば当てはめられる。「法廷で黒白を争う」などという使い方があるくらいだ。

しかし色彩学では、黒と白とは無彩色という分類に属し、共に色ではなく、明るさの違いだけということである。最も暗いのが黒でいちばん明るいのが白なのである。灰色はその中間の明るさである。ゆえに黒・灰・白は同じなのである。

ネットで検索すれば出てくるが、色彩学では色立体《いろりったい》というのを考案し使用している。色の基本的属性として色相（赤とか青とかという色の違い）・明度（明るさ）・彩度（鮮やかさ）の三つが使われており、色相は（円筒の）円周方向で、彩度は中心軸から放射状に外へ向かう方向で表し、中心が彩度ゼロでまったく鮮やかさはなく、色はないことになる。円周のいちばん外側が最も鮮やかな色になる。明度はその立体の中心軸で、いちばん上が白、中間が灰、最下部が黒を表している。この中心軸が無彩色なのである。

白と黒とは同じというのはこのような意味である。だから正確には白と黒とは不一不二なのだ。これが白即黒である。

第四章

仏道での「一つ」

一　合掌は「一つ」

仏道入門は拝む「合掌」から始まると言ってよい。合掌は、精神の散乱を防いで、心を「一つ」にする。（なお本書では、仏道は仏教での悟りに至る修行の道の意味で使う。）

合掌について、ここで一言述べておきたい。合掌したとき、図6(a)のように親指が離れている人が少なくない。筆者も昔は気付かずにこのような合掌をしていたが、あるとき老大師から注意を受けた。同図(b)のように親指も離さずに両手全体が「一つ」にまとまることが大切である。こういうところでも「一つ」が大切にされていることが分かったのだった。(a)では「一つ」が徹底していないわけだ。ともかくそんな理屈よりも、実際にやってみれば、(b)の方が(a)よりも心が落ち着くことが分かろう。

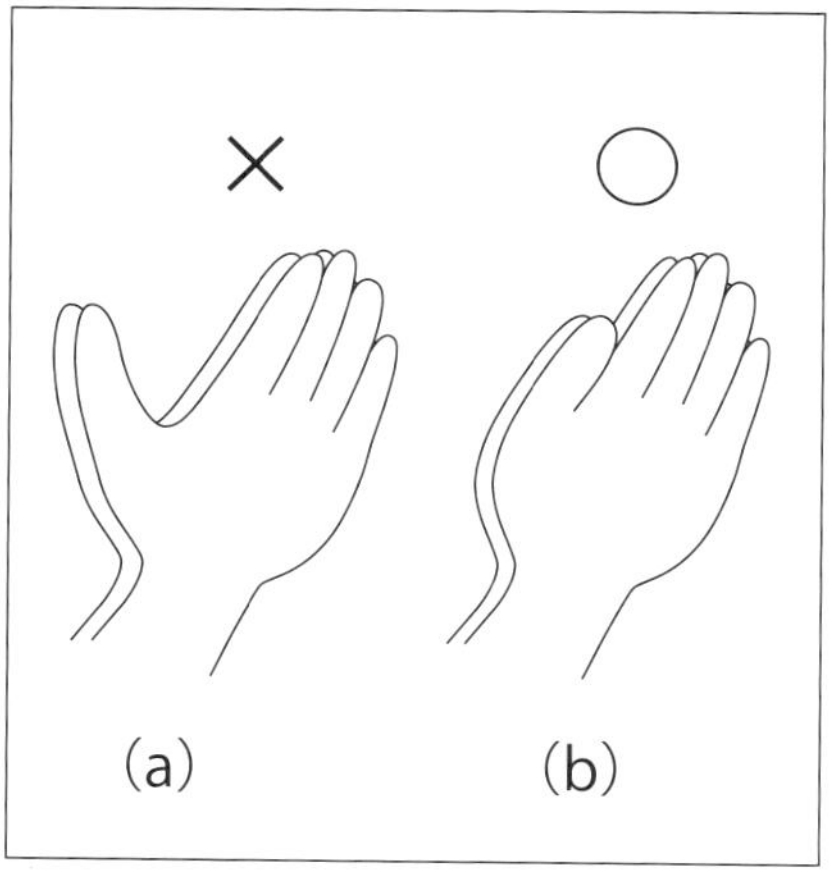

図6　合掌の仕方

筆者は、ロボット工学から見て、人間は合掌しなければならないが、犬はしなくてもよいと考えている。だいいち犬には合掌などすることはできない。前にのめってしまうからだ。

生まれたての赤ちゃんをお風呂に入れてやるとき、赤ちゃんは不安がってあばれるが、ガーゼとかタオルとかを両手に握らせてやれば落ち着いて静かになる。この事実をヒントにして考えたことだが、どうやら人間という動物は、手の平に何も持たず手放しの状態の時には不安で心が落ち着かないようである。両手を組めばいくらか落ち着く。

人間の古い祖先が四つ足だった頃は、前足も後足も大地に着いていたので心が落ち着き、悩みも少なかったのではないだろうか。

それが立ち上がって、前足が手になった時から、つまり前足が宙に浮いた時から、人類は心の落ち着きというものを失い、悩みも増えたのではないかと想像している。

そう直感して、筆者はいろいろ試みてみた。左足の裏と右手の平とを合わせてみて、心がどう感じるかとか。また両足の裏を合わせて、つまり足の合掌をして、どんな具合か、など。で、結局は両手の平を合わせる合掌が最高だという結論を得たのであった。

要するに、前足の宙ぶらりんを防止して心を原始の落ち着いた状態にするというのが、合掌の生理学的な意味のようである。そこで「文明の危機を救うのは合掌から」という標語が生まれそうである。全人類が合掌する——素晴らしいことではないか。

二　礼拝は「一つ」

合掌して仏像の前で頭を下げる。読経も坐禅も仏教の勉強もしない人でも、寺に参詣すれば合掌して礼拝はする。大晦日から新年にかけての初詣を見ればこのことは明らかだ。

外見は一見それだけのことに見える。しかし、それだけのことであっても、常日頃、仏教の仏の字など気にもしない人と、信心深くて寺に聞法《もんぼう》に通ったり、朝な夕な仏壇の前で礼拝し読経している人とは、見ただけで違いが分かるものだ。

仏道は形から入ることを重視しているので、心でさえ信心していれば、外見などどうでもよいとは考えない。身体と心との両方を言う場合、新聞をはじめ一般では心を重視するためか、「心身」というふうに心を先にし身を後に書くが、仏教ではその逆である。もちろん心も身体も平等であって、どちらかの方がより大切ということはないのだが、身を正さずには心は正せないから、仏教では「身心」と、身を先に心を後に書くのが習わしになっている。「身心」という書き方に出合ったら、あ、仏教に関係があるな、と思ってもよいくらいである。

とはいえ仏教は心の宗教と言われるほどに、心の中身については奥深い。それで礼拝の時の心の持ち方についてであるが、筆者には気になることがいくつかある。

〈1〉偶像崇拝ではない

まずは、仏像を拝むことは偶像崇拝だという人がいるが、その人は、その仏像を通して、「絶対的な真理としての仏」つまり「法身の仏」を拝むことだということが分かっていない人である。ひと口に仏と言っても、仏の三身と言って、「法身の仏」「報身の仏」「応身の仏」の三つがある。法身は永遠不変の真理そのものを言い、人格性を持たないものであるゆえ、具体的な形として表すことはできない。だから真理を拝むと言ってもどこを向いて拝めばよいのか見当も付かないわけである。それに、天地のすべてが真理にしたがって動いていることに気が付いていない人や、真理というものがあることさえも知らない人もある。それで方便として、真理を人格化して仏像とし、礼拝の対象としたものが報身と応身であると見てよいであろう。報身は長い修行の報いとして仏になられた方で、法蔵菩薩が修行の結果仏となられた阿弥陀如来はその典型例である。応身はその真理に則って衆生を教化し救うために、衆生に応じてこの世に出現された仏で、お釈迦様がそうである。つまり、法身は真理そのもの、報身は真理を具体化して人格化した力、応身は釈尊である。

そしてここでも大切な点は、法身・報身・応身の三身は不離、つまり「一つ」で、切り離すことができないということである。実例として、応身のお釈迦様は、『法華経』では久遠実成《くおんじつじょう》、すなわち永遠の存在とされて法身の面を持っておられるし、長い修行の結果仏になられたのであるから報身でもあるわけである。

ゆえに誤解しないでしっかりと覚えておいてほしいことは、仏像を拝むとは、人間がでっちあげた人形を拝むのではなく、仏像を通して尊く美しい真理法則や、最高に清らかな心を拝むことだ、ということである。

ここで最高に清らかな心と書いたが、それはどのような人にも――善人にも悪人にも――心の奥の奥の奥底には、まったく汚れのない清らかな心があると仏教では言うのである。このことは、如来蔵（如来すなわち仏が蔵されている）とも仏性とも自性清浄心とも言われている。すなわち仏像を拝む礼拝とは、自分の心の奥底の清らかなところを拝むことだと、筆者は師から教わった。つまり自分が自分を拝むのだから「一つ」になっているわけである。拝まれる対象と、拝む者との二つが、両手を一つに合わせて拝んだときには「一つ」に溶け合っていることになる。

さらに師は言われた。「信仰と言うが、仰ぐという字が入ると、拝む人がこちらにあって、仰ぎ見る対象が向こうにあるという二つに分かれた感じがするから、信仰と言うよりも信心《しんじん》（心を信じる）という言葉を使った方がよい」と。因みに、『岩波仏教辞典』（初版）の四六〇頁左側「信仰」の項には、「仏教では信仰より〈信〉〈信心〉という表現の方が伝統的である」と出ている。

〈2〉願いごとよりは感謝

次の注意点は、仏様を拝むとは、願いごとをかなえてもらうように拝むのだと、思い込んでいる人が非常に多いということである。ＮＨＫの年越し番組「行く年来る年」を見ていると、大勢の善男善女が初詣で礼拝している様が映し出され、そのナレーションは、毎年必ず「無病息災を願って」とか「家内安全・商売繁盛を願って」とかと願いごとの説明ばかりである。それを視聴していると、礼拝とは仏に頼むことだと受け取ってしまいそうな気になる。

仏教は、こうでなくてはならないという固執した姿勢を嫌うから、もちろん願いごとは全面的に止めるべきだとは主張しないが、願いごとの中身によっては、間違った態度になってしまう。たとえば、明日AチームとBチームの試合があるとしよう。そのとき、Aチームは「Bチームを負かすことができますように」と拝み、Bチームは「Aチームが負けますように」と祈ったとしたならば、仏はどうされるであろうか？　引き分けにされるのだろうか？　さらにひどいのになると、「明日泥棒に入るのだが、うまく成功できますように」などと拝む例もあるということだ。その拝み方、祈り方は、――仏教的に言えば「我」のある――わがままな身勝手を頼んでいるだけで、仏はそんな願いを聞いて下さるわけはないから、間違っていると言わざるを得ない。仏教はそういう次元の低い宗教ではない。

同じ願いごとでも、船長が航海の安全と無事を祈るために拝むというのならば、乗船者全員のためでもあり、さらには航行中、他の船に迷惑をかけないようにとの願いだから、それは身勝手ではないが、祈ったから、仏の力で途中に現れた台風が消えてなくなるということはないはずである。台風も（法身の）仏の現れの一つだからである。しかし合掌し礼拝し読経すれば心が落ち着くので、船の操り方からうぬぼれが消え、船長は自然に対して謙虚になり注意深くなるので、その結果、航海が安全にゆくということならば理にかなっている。

小さなことだが、筆者の経験では、仏壇の前で鈴《りん》をチーンと鳴らして静かに手を合わせると、ヒョイと大切な忘れ物を思い出すことがしばしばで、そのおかげで、その日一日を棒に振らずにすむ。きっと仏を拝んだことによって心のハタラキが広がったからであろう。これは理にかなった実際の御利益《ごりやく》である。

私の祖父の母は、寺から嫁に来た人だったので、宗教的にも厳しいところがあった。夕方仏壇の前で手を合わせていると、「お願いではなく、感謝だよ」と、しばしば忠告してくれたものだった。だから、たとえ「病気が治りますように」というさし迫った願いであっても、それよりも「おかげさまで今日一日生きていられました」という感謝の祈りの方が上等である。「世のため人のためにこういうことをさせて頂けたのも仏様のおかげです」という感謝ならば、さらに上等だ。筆者の場合、毎日仏壇の前で手を合わせるとき、その日その日によって、微妙に心は変わる。これも礼拝の楽しみの一つである。

〈3〉仏に命を預ける

無我になって、菩薩行（後述の〝菩提心〟一一〇頁参照）のための願いごとをするのならば問題はない。四弘誓願（二一一頁）を仏前で誓い願うのならば結構なことである。

また筆者が師から教わったことは、「仏教者は誰もが『南無○○○○』ととなえて礼拝するが、『南無』と言うときは自分の命を仏に預けるつもりで言え」ということだった。己の身命を投げ出して仏を信奉せよ。それが礼拝というものだという教えだった。

拝むときの心の持ち方の最高はなんと言っても「無心」である。何も思わず、何も考えず、ただ両手を合わせるというのが、いちばん良い。何もないのだから最も清らかで汚れがない。この時、仏と自分とは「一つ」に溶け合っているのである。

三　三昧は「一つ」

〈1〉三昧一般

仏道を修行する者が修めるべき基本的な修行項目として、戒・定・慧の三つがある（これは、戒学・定学・慧学のことで三学と言われる）。はじめの「戒」は戒律を守ることで、そのことが次の「定」、すなわち心を静めて集中し散乱させないようにすることを助け、それによって心が澄み切ると慧（般若の智慧）が湧き出て、真理を悟り、この世界の真実の姿を見極めること（「観《かん》」と言う）ができ、結果として仏道を完成させることができるという順序になっている。

つまり仏教的に言えば、迷えるわれわれは、まだ慧すなわち般若の智慧が湧き出していないので、この世界の真実の姿を知らない。言い換えれば、真実の一面しか見ていないというのである。この世界の真実の姿のことを「実相」と言うが、これを知らずには正しい判断も生き方も分からないという理《ことわり》は、お分かりになろう。「定」は実相を知るための条件なのである。ゆえに戒・定・慧の三つは不即不離、すなわち三つでありながら一つであり、一つとは言うが中身は三つなのである。

三昧《さんまい》とは、サンスクリット語のサマーディの音写で、この三学の二番目である「定」のことを言う。そしておそらくこれは禅宗の言い方だろうと思われるが、三昧に王三昧《おうざんまい》と個三昧《こざんまい》とがあるという。王三昧とは坐禅のことを指し、三昧中の三昧、三昧の王様、最も優れた三昧という意味である。個三昧は個々の三昧の意味で、坐禅以外の精神集中のことである。王三昧の体験はなかなか難しいことであるが、以下個三昧について語りたい。ただし個三昧の場合は以下に述べるように、われは忘れているが、やっていること、つまり物作り三昧ならば物作りが残っているが、王三昧では坐禅していることもなくなるのである。（もっとも世間では、贅沢三昧とか放蕩三昧とかと好ましくないことに三昧という語が転用されているが、もちろんそれらはここでは問題にしない。）

〈2〉個三昧の精神状態

筆者は小学生時代から、物作りが大好きだった。物を作り出すと、われを忘れてのめり込んだものであった。文字通り寝食を忘れた。母が「ご飯ですよ」と呼んでくれても——反省してみれば親不孝だったが——ある区切りまで工作が進まなければ、食卓へ向かう気にもならなか

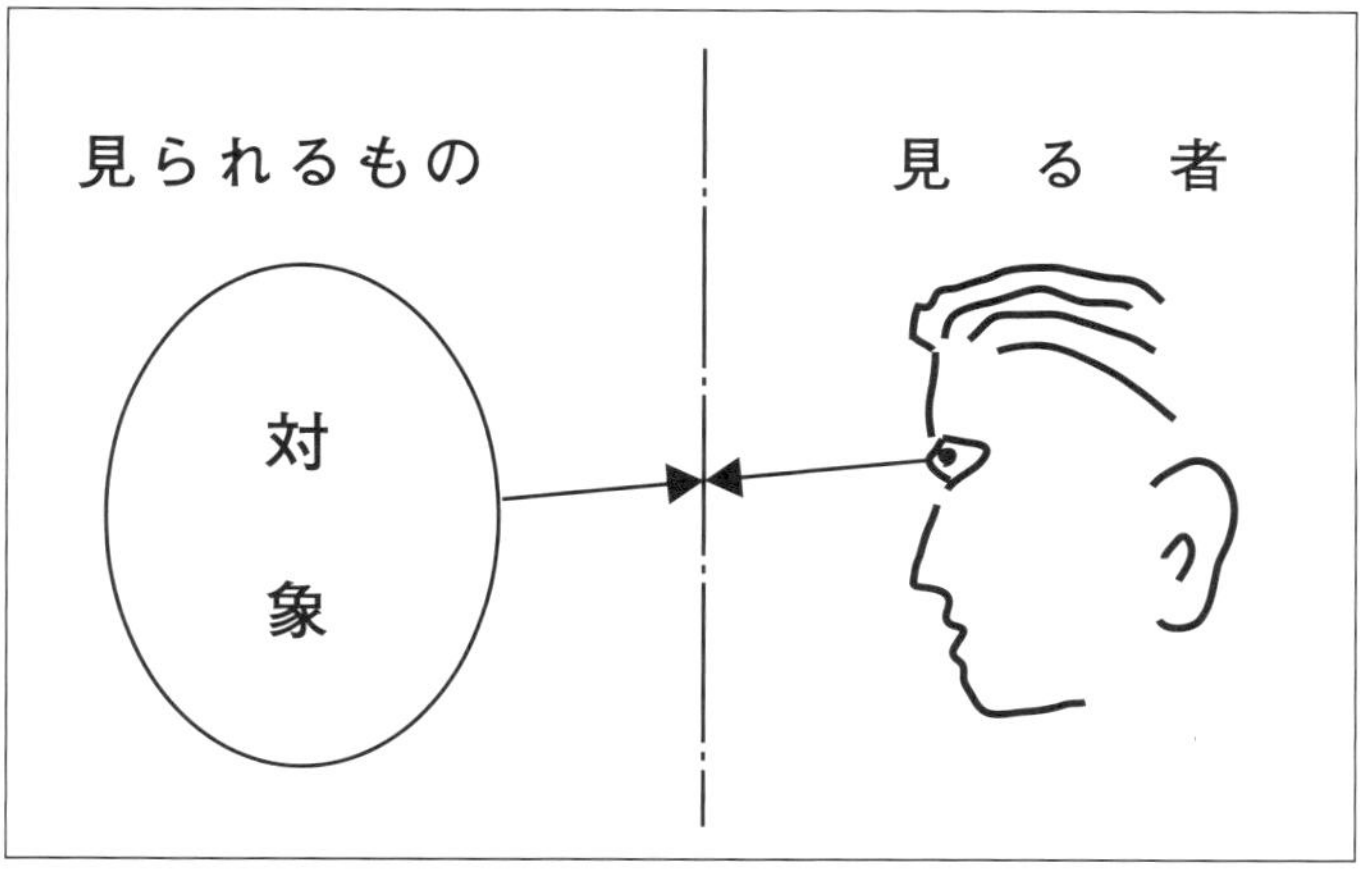

図7　見る者と見られるもの（二つ）

った。小学四年生の時、菓子箱の杉の板を切ってモーターで走る模型電車を作ったが、楕円形のレール上を右回りには走るのに、左回りにすると脱線するので、その原因追及と修繕に夜中の二時までがんばり通したことがあった。母親は脇で見ていて「早く寝なさい！」とやかましかったのだったが、その声は馬耳東風、筆者の耳には聞こえなかったようだった。以来今日まで、物作りにわれを忘れることは続いてきたが、その精神状態を製作三昧というか、物作り三昧というべきか、仏道を歩み出してからそれは一種の個三昧であることに気が付いた。

ここで個三昧一般の精神状態を説明しておこう。

われわれは、普通、もの（外界）を見るときには、図7のようになっていると思っている。つまり「見る者」（自分）と「見られるもの」（対

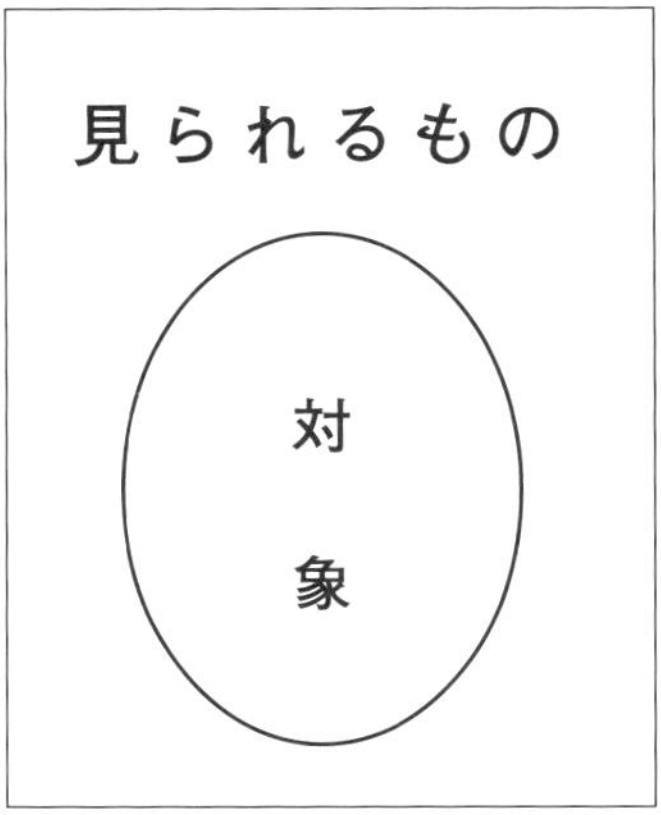

図８　自己を忘れると、見られるものだけ（一つ）になる

象）との二つがあるわけである。ここで、「見る者」は人間に決まっているので、ミルモノのモノは「者」という字にしてあるが、「見られるもの」は人間のこともあるし、物体、物質、現象……などさまざまだから、ミラレルモノのモノは平仮名で「もの」としてあるのである。

この図でたとえば前述の模型電車の場合について言えば、見る者は少年時代の筆者で、見られるものは模型電車である。つまり、「自分」が、「対象」を、見ているというわけなのだ。このように「見る者」と「見られるもの」の二つになっている。

ところが、一所懸命とか夢中という状態の場合には、図８のように、意識の中から自分というものが消滅してしまって、対象だけになっている。頭の中は脱線する模型電車だけなのだ。この図８の状態になることが「自己を忘れる」ということである。つまり「見られるもの」だけの「一つ」になっている。

こういう経験は、深浅の別はあれ、どなたもお持ちだろうと思われる。早い話が写真を撮ろうとカメラのファインダーを見ているときには、少しでも良い写真を撮ろう、最高のシャッターチャンスを逃さないようにと懸命で、自分を忘れ、ファインダーに写った景色とか人物だけに気持ちが集中する。つまり精神集中して「一つ」になっているのである。

そして写真を撮り終えると、ちょっと気がゆるんで、図7にもどって自分が現れ、二つになる。

自己を忘れた図8のような状態の場合には、（主観的に）見られるもの、つまり対象しかないわけであるから、対象という言葉そのものが無意味になってしまう。対象という言葉は、こちら側、すなわち見る者があってこそ意味があるからである。

そこで、図8は、次の図9のように改めた方がよいことになる。つまり、この世界にあるのは「モノ」だけとなる。「一つ」である。

図９「自己」が消滅した「モノ」だけの世界

この精神状態が「三昧」である。

物作り三昧ならば、図9のモノは製作物と工具だけ、読書三昧ならば本と内容だけ、書道三昧ならば筆と文字だけである。筆者はスポーツに関しては弱いが、スポーツも自己を忘れる場面が多いであろう。野球のバッターはボールだけに成り切っているのではなかろうか。

ところで、こういう状態が身に付くと、不思議にも、ひとりでにその「モノ」が自分だという気持ちがしてくる。すなわち、モノと自分とが一体になってくるのである。すると自己の確立へと向かうことができる。人間本来の非常に好ましい姿が発現し、その人の人間性・個性・人格……といったもの、人間本来の自己が輝き出すのである。つまり「全機」する（二五頁参照）のである。西田幾多郎先生はこのことを、

「物来《ものきた》つて我を照らす」

というように表現されている。（『西田幾多郎全集』第十巻「知識の客観性について（新なる知識論の地盤）」四二一頁）すなわち、

「……我々の自己は物となつて見、物となつて働くと云ふ、物来つて我を照らすと云ふ。此処では、我々は物を自己から離して、対象的に見て居るのではない、身心一如的である。……」

と（傍線は引用者による）。

ゆえに、日常何をするにも精神を集中させてそれを行うことが大切である。

〈3〉物作り三昧の偉力

ここで物作り三昧が、どんなに人間の「自己」を育てたかという実例を、すなわち三昧の偉力というものを、少年たちのロボコン感想文を通して味わって頂くことにする。

筆者の専門はロボット工学であった。その一環として筆者はロボットコンテスト（略称ロボコン）という競技を一九八八年に全国の高等専門学校を対象として創始した。これは毎年テレビで放映されているので、おそらく一度は読者の目にとまったことがあるのではないかと推察する。

そのロボコンのテレビ放送に心を大きく動かされた一人の中学校教諭があった。それは（当時）、青森県八戸市立第三中学校、技術科担当の下山大《しもやまゆたか》教諭だった。下山教諭は全国の中学校に先駆けて、技術科の授業としてロボコンを取り入れられた。ここで紹介するのはその中学校が一九九六年に校内の技術科の授業として行ったロボコンの成果についてである。

そのロボコンは、三年次の秋から始まって、翌年二月に競技本番（写真1）が催され、卒業直前の最後の時間に感想文を書くという四カ月がかりのものであった。

まず、くじ引きで四人一組のチームが決まり、与えられたテーマをこなすロボットの発案を、漫画的なイラストを描いて考案するところからスタートした。実際のロボット製作は、ベニヤ板・プラスチック・段ボール・紙パイプ・スタイロフォームなどの素材を切り出すところから始まるので、物作りに慣れていない生徒にとっては（こういう物作りは、ほとんどの生徒が初体験）結構難儀な苦しい道のりだ。しかし生徒たちはロボットというものに魅せられて、その困難を乗り越えていった。乗り越えるどころか、完全に製作三昧に入っていったのだった。

この中学校も、御多分にもれず荒れた教育困難校であった。職員室の前の廊下を自転車が走る、夜中に窓ガラスが何枚も割られるという荒れようだった。それで下山教諭の話では、ふつうの座学の授業では、始まって十分もたたないうちに、席を立って保健室へ行ってしまう生徒が、なんとロボコンの授業だと二時間もねばるということだった。だいいちこれからロボコンの授業だとなると、生徒が教室を移動するスピードがまったく違って、走っていくという。午後の最初の時間が技術というような場合、昼食後の昼休みを遊んでいるような生徒は一人もおらず、昼食がすむとすぐに技術室へなだれ込み、五分、十分という時間を惜しんで、ロボット作りにはげむという。夢中で製作しているからあっという間に夜が来る。午後七時以降は帰宅するようにうながすのだが、「先生、あと五分やらせて下さい！」という調子でせがむのであった。それでも規則だからと帰らせるのだが、その代わり朝は寒いのに、六時頃から登校して作っている。もちろんどのロボットも失敗のくり返しだが、自分たちが作ったロボットが動くという夢のような事実を楽しみに全員ががんばったのだった。

こういう授業をしながら三カ月もたつと、なんと、トイレのドアの開《あ》け閉《た》てがひとりでに静かになった。物作りをすると、教えなくても自然に物を大切にするようになるものである。

一九九七年の春、下山教諭から、そのロボコンを体験した生徒七十五人の感想文が筆者の手元へ送られてきた。それを読んだ筆者は、感涙でハンカチ二枚をぐしょぐしょに濡らしてしまったほどだった。以下はそのほんの抜粋だが、ロボコンのための物作り三昧というものが、十五歳の少年たちの心をどのように変え、成長させたかがお分かり頂けるであろう。

写真１　八戸三中のロボコン風景

まずは、Ａ・Ｄ君の感想文から。
「苦しく楽しかったロボコンも、あっという間に過ぎ去ってしまった。あの作っていたころは、よくもめたり、いがみあったり、意見があわなかったりした時の方が多かった。あまりにも失敗ばかりして、もうやめたいと思った時もあった。

だけど成功したり、完成した時のうれしさは、今まで、味わった事のないものだった。この気持ちは決して、お金で買えるようなものではなかった。自分で作ったロボットが動く。それは夢のようでもあった。

いつも、なにか作っても、一度失敗したら、僕は、もうそれには手をつけず、ざせつばかりしていた。作れないからといって、でき上がった物を買っても、愛着はなかったし、うれしくともなんともなかった。

僕は、機械というものは、必ず動いて人間の役に立つものだと思っていた。動かない機械は、役に立たないので、お払い箱にしていた。しかし、このロボコンを通して、機械が好きになった。動かない物なら動かせばいい。役に立たないなら、役に立つようにしてやろう、という考えをするようになった。

僕は、ロボコンをしたおかげで、また一つ大人になった。今回のロボコンを通して、僕は『機械を愛する心とすばらしさ』を学んだ。これからまた多くの人生を通して、機械と知り合うかもしれない。そのとき、その機械をうまく使えば、よごれている、空気、水、大気、大地を浄化できるかもしれない。機械は、僕達のした事の、罪ほろぼしをも、やってくれるかもしれないのだ。」

読者はこれを読んでいかが感じられたであろうか。

まず冒頭の波形傍線の部分、「苦しく楽しかった」が「一つ」を表している。つまりこれが本物なのである。苦しいだけでは楽しいと対立してしまって二つになってしまう。あるいは、楽しいだけでも、苦しいと対立してしまって二つである。ところが、ロボコンは苦しくて楽しいという「一つ」なのだ。だから結果が良いのである。

さらに直傍線の部分には、深い情けがあふれている。いわば仏心・菩薩の心である。この世に出現したからには、人であれ、物であれ、なんらかの出現の意義がある。物に役立つ物と役立たない物があるのではない。世間ではしばしば「役立たない」と言うが、役に立たないのではなく役に立てないのである。こういう深い人生哲学が、ロボット作り三昧によって少年の身に芽生えるのである。すなわち般若の智慧（一八八頁）が出かかったのである。

次は、H・O君のものから。

「僕は、ロボコンを通していろいろなことを学びました。例えば仲間と協力して何かをするということです。自分の意見や他人の意見一つだけにとらわれずに、自分の意見と他人の意見を混ぜ合わせて、さらにいいものを作っていくことが大切だということが分かり、しょうらいのためにいい勉強になった。

これから先、僕は大人になり仕事につくだろう。そしてチームを組んで仕事をするだろう。そんな時僕はきっとうまくやっていけるだろう。

僕は（身内の不幸のため）ロボコンの本番の日には行けなかったが、僕たちが作ったロボットは、立派に大会で動くことができた。まるで自分の子供の運動会に行けなかった親のような気になった。でも、みんな一生懸命やってくれたらしい。

うまく言えないが、僕がその場所にいなくても、僕の作った物や自分の持ち物がその場所にあったら、その物に宿った僕の心が、代わりに見てくれるのではないだろうか。だから僕がロボコンに出られなくても、僕たちの作ったロボットは、その時その場所にいて、ロボコンを体験してくれているのだと思う。

もっとも、この考えは勝手に僕が作ったものだから、違っているかもしれないが、もしこの考え方で考えるとするならば、僕は物を絶対にそまつにしたりできないだろう。今しきりにかんきょう問題がさけばれているが、もし全人類がロボコンのように素晴らしい事を体験し、何かに気が付いたとしたら、自分だけではなく他人や物にも思いやりがもてるようになると思う。

僕はこれから、ロボコンで教わったいろいろなことを思い出しながら、生きていきたい。」


互いに我を張り合ってゆずらないのが、人間一般の様ではある。だから、「……自分の意見と他人の意見を混ぜ合わせて、さらにいいものを……」の言葉には大人の方が赤面するのではないだろうか。国会議員に聴いてほしいような言葉である。また、物を大切にせよと教えたのではないのだが、ロボット作りの過程においてロボットが自分だという気持ちが生まれ、すなわちロボットと自分との一体感が湧き「僕は物を絶対にそまつにしたりできないだろう」と言うまでに心境が成長している。さらに彼は生きることに関する重要な「何か」に気付き目覚めたのであった。仏教はこの「気付き」をうながすものである。言ってみれば、これは小さな悟りではないだろうか。

この七十五名の感想文を分析すると、

①協力の大切さに気付いた　五十五名
②深い感動を味わった　四十七名
③精神集中の重要さ快さに気付いた　三十名
④誇りを持てた　二十名
⑤過程（プロセス）の価値を知った　十六名
⑥先生・学校・ロボコンに感謝する　十三名
⑦物に心が乗り移った　十二名
⑧創造の深い喜びを味わった　十二名
⑨種々な物や事へ開眼した　十名
⑩人生への自信が付いた　九名
⑪ごみが宝に見えだした　五名

といった具合に、生徒たちの心が大きく育っていることが、明らかに実証されているのである。ともかく、ロボコンのためのロボット作りをすれば、生徒の表情が柔らかくおだやかになり、すなおになる。ロボット作り三昧によって心の育成ができるという証《あかし》が立った。

この原因としては、担当の下山教諭の献身的な努力は言うまでもないが、「物作り」による精神統一、つまり「われを忘れる」までの製作三昧が最大のものだと言えるのである。八戸三中の生徒たちは、製作三昧によって心の健全さを取りもどし、十五歳の子供ながらに、人間をして人間たらしめることができたのであった。

こうして、かつては荒れた教育困難校だった八戸三中は、青森県随一の模範校に生まれ変わったのであった。

このように、ロボコンでは、創造と物作りの楽しさが、生徒たちを「三昧」という状態に没入させてしまうのである。三昧に入ると「われ」を忘れる。すると、くり返しになるが、世界から「われ」が消え去って、世界は物だけ、ロボットだけになってしまうのだ。自分がロボットに成り切って、自分とロボットとが「一つ」になったということである。つまり彼らはロボコンを通して仏道を歩んできたのであった。

〈4〉仏教と科学技術は「一つ」

物作り三昧の偉力はこのようなものであるが、筆者がこの話をすると、「それはロボコンの話で仏教の話ではない」と言われる方が時々ある。また、ロボット工学を専門とする筆者が、どうして仏教を学ぶようになったのかということは、かなり不思議のようで、非常に多くの方々からそのわけを聞かれる。筆者は逆にそのことを不思議に思う。

それらの方々は、この世の中は本屋の書棚のように区別されているものだと思っておられるらしい。たしかに本屋の棚は、ここは経済、ここの棚は科学、この棚は宗教、ここは料理……というように分類されているが、それは書籍を売るための便宜上のことであって、現実の世の中はそういうものではなく、たとえば経済は、科学の研究にも、仏教の寺院にも各家庭にも深く関係しているわけで、現実はいわゆる縦割りではなく、横方向に関わり合っているのである。仏教は普遍的で偏らない素晴らしい宗教ゆえ、僧侶や仏教学者だけのものではなく、万人が人間としての基本として学ぶのが当然であって、科学技術者だから仏教に暗くてよいというものではないはずだと筆者は熟慮している。仏教を専門としない筆者が本書を執筆しているのも、そのためなのである。つまり筆者は、ロボコンも仏道の一つだと思ってやらせて頂いているのであり、仏教と科学技術とを「一つ」にすることこそが目標なのである。

〈5〉物観を向上させよう

話はやや脇へそれるが、参考までに、ここで仏教的な物観について述べておきたい。

ロボットという物に対する、これまでの常識は、人がいやがる労働を代行するものとか、融通の利かない無知の代名詞、あるいは人を攻撃してくる恐ろしい機械などというものではなかっただろうか。最近ではペットロボットというものも現れているが、少なくともロボットは人間の目下《めした》としての物になっている。

しかし、前記のようにロボットは子供たちを救い成長させてくれたわけであるから、ロボットは目下どころではなく、恩師なのである。いや恩師どころか、子供たちを仏道に導いて下さった仏様あるいは菩薩様と言ってもよい。こういうわけで、「ロボットにも仏性がある」とハッキリ言うことができるのである。

仏教では、道に落ちている石ころ一つにも真理が入っており、仏性があると教えるが、そのことは、ここに述べてきた角度からも、(ロボットの延長線上のこととして)納得できるであろう。

世間一般では、物は、人間が便利をし、欲望を満たすための材料とされている。つまり、人間の生活のために「物」を利用するということだから、人間が「上」であって、物が「下」になっている。そしてさらに進んで「物」は資本を増やす手段にもなってきた。とくに財テクブームが現れてからは、このことはいちじるしくなった。

このような立場からすると、「物」はお金に換算できる計算の対象（相対的なもの）となっているわけである。

しかし仏教では、「物」は計算の対象としてではなく、合掌の対象とされているのである。「物」に合掌し、使用し、消費し、その「物」に仏性がそなわった絶対的なものと観るのである。ゆえに人間と物とは平等であって、上下はないとするのが仏教の立場なのである。

〈6〉読経三昧、念仏三昧、唱題三昧

話を三昧へもどそう。

長い仏教の歴史の中では、修行のためにいろいろな三昧が生まれ今に伝わっている。読経三昧、念仏三昧、唱題三昧などその典型例である。

お経を読むとひと口に言うが、それには三種類の読み方がある。

第一は読誦、すなわち声を上げて仏壇の前などでお経を唱えるという読み方である。この読み方のときには、お経の意味を考えながら読んではいけない。それは意味を考えながら読むと精神集中ができなくなり、読経三昧に浸れないからである。

二番目は、机の前で意味をかみしめながら読むという、普通に考えられる読み方である。つまりお経の意味の勉強である。この読み方で大切なことは、小説を読むようにただ通り一遍ではなく、意味をかみしめることである。しかもくり返すほど、また人生の経験を積むほど、さらに仏道の歩みが進むほど、その深い意味を了解することができるようになる。難しいけれども楽しいものである。有り難さが分かってくる。

第三は、いちばん大切でしかも難しい読み方だが、お経に書いてある内容を日常の生活に生かすという読み方である。これこそ仏教をした甲斐があることになる。

この三種のうち、第一の読誦が三昧には適している。しかし三昧に入るにはある程度長いお経を読む必要がある。広く流布している般若心経を一回読誦するだけでは、とても三昧の境地には入れないので、何度もくり返す必要がある。

しかし、くり返すのならば、三昧のためにはなるべく単純なことをくり返す方がよいから、「南無阿弥陀仏」の念仏や、「南無妙法蓮華経」という唱題を何度も何度もくり返す方がよい。法然上人が宗祖の浄土宗には百万遍念仏という行があるくらいである。

ところで、そのような行によって一つになった念仏三昧とはどのような状態かを表した、道歌（仏道に関係した歌）がある。法然上人の孫弟子の一遍上人（時宗祖）と禅宗の法燈《はっとう》国師が会われた時、国師は一遍上人の境涯を問われたが、上人は次のような和歌を読んでこたえられた。

称うれば　仏も我もなかりけり
南無阿弥陀仏の　声ばかりして

法燈国師はこれを聞かれて「未徹在《みてつざい》」と言われた。念仏と、念仏を称えている一遍上人とで二つになっているという批判である。そこで直ちに一遍上人は次のように読み直されたという。

称うれば　仏も我もなかりけり
南無阿弥陀仏　南無阿弥陀仏

これだと念仏が念仏をしているという一つで、国師は直ちに禅の印可を上人に与えられたと伝わっている。

言うまでもないことだが、三昧の最中にこのような歌が読めるわけはない。もしそうだとしたら、三昧に入っていないことになる。

「三昧、三昧を知らず」

という教えがあるが、今自分は三昧に入っているのだということなど感じないのが三昧である。自分が坐禅をするのではなく、坐禅が坐禅をする、あるいは自分が念仏を称えるのではなく、念仏が念仏するという、自分が消えた状態にならなくては三昧ではない。坐禅なら坐禅、念仏なら念仏を終わって定《じょう》（後述）から出た状態にもどってから、「ああ自分はさっき三昧に入っていたのだなー」と気が付くだけである。

〈7〉坐禅——心を完全に落ち着ける王三昧

坐禅によって三昧に入る禅定《ぜんじょう》は、体験なしには無意味ゆえ、ふつうには「まず坐れ」と指導されるが、かといって、何も語らなければ、それこそ手がかりさえも得られないわけだから、そのことを承知のうえで以下を書く。また、筆者は坐禅体験は少々はあるものの、禅宗の僧侶のように坐り抜くような修行はしておらず、専門家でない者が執筆することになるが、その方が在家の身になれるのでよいのかもしれない。

坐禅は専門家について習うのが最良である。少なくとも基本の大切なところはそうである。しかし現実問題、寺の数は多いが、禅宗の寺はその一部に限られ、その中で積極的に門戸を開いて、現代人に適したように坐禅を指導してもらえる寺は、非常に少ない。さらに、坐禅を習おうとやっと寺を見付けても、禅寺の宗風から言って、愛想よく「さあいらっしゃい、いらっしゃい」ではなく、孤高で凛としていて近づきがたい感じがし、敷居が高いので入りにくい。ようやく入ったとしても、坐禅は漢方薬のようなもので、抗生剤のような速効を求める現代人とはマッチせず、始めは足が痛いだけに終わり——ただし頭は非常にスッキリするが——二、三回で挫折してしまう人が多い。

とはいえ、インターネットで検索すれば、門戸を開いて坐禅を指導されている寺院がいくつか見つかるし、在家のための坐禅会もまったくないわけではない。

わが国の禅寺には、曹洞宗の寺と臨済宗の寺とがある。黄檗宗の寺もないではないが、まれである。数は曹洞宗の寺が圧倒的に多い。曹洞宗は庶民の禅宗であり、臨済宗は武家の禅宗だったという因縁であろう。

曹洞宗と臨済宗とでは坐禅の仕方に微妙な違いがある。曹洞宗では面壁と言って壁に向かって坐るが、臨済宗では壁を背にする。警策《けいさく》(たたく棒)でのたたき方が、曹洞宗では後ろから肩を打つが、臨済宗では前から修行者をかがませて背中をたたく。曹洞宗には只管打坐《しかんたざ》というスローガンがあり、ただひたすらに坐禅するが、臨済宗では公案《こうあん》を用いた禅問答によって坐禅が正しく進んでいるかどうかを点検する。また坐蒲《ざふ》というお尻の下に敷くふとんの形が、曹洞宗では丸いが、臨済宗では座布団を半分に切ったような矩形をしている。……など。

ここで坐禅の入門を解説した書を一、二、挙げておこう。

①中野東禅著『心が大きくなる坐禅のすすめ』

文庫本である。在家の身になって懇切ていねいに書かれているので、ぜひ推薦したい。正式の坐り方はもちろん、椅子坐禅・風呂坐禅・通勤電車の中での坐禅などまでも説明されており、寺での坐禅では習えないことにも言及されている。読めば、これならば実際に長続きするという気がする。

②中野東禅著『目でわかる坐禅の入門――心ひかれる禅の世界　曹洞禅』

巻末に在家が参禅できる寺（道場）や坐禅会の案内が、全国から二百以上選び出して載せてある。ただし絶版になっているので、残念ながら今ではインターネット上で探して、古書を買うしかない。

坐禅は、少なくともある程度の段階までは、前記によって探した寺や道場で、専門家について習うのがよい。寺や道場は坐禅に適した静寂な環境にあることもその理由の一つである。しかしそれがかなわない場合は、前記①の書に従われることをおすすめする。ここではことの順序として、以下に坐禅の仕方を必要最小限述べておこう。

満腹のときとか、ひどく空腹なときは避ける。寝不足・寝過ぎもよくない。静かな場所を選ぶ。この頃の家庭環境では、静かな場所を選ぶことさえも難しいが、家族に協力してもらって、テレビの音、電話の声、人の会話などが聞こえないようにする。薄暗く風のこない場所が適している。

座布団を二枚用意し、床または畳の上にその一枚を敷いてそこにあぐらをかいて坐る。他の一枚は二つ折りにして（坐蒲という）お尻の下に敷く。これはお尻を高くして坐りやすくするためである。坐蒲はあまり深く敷かず、正式に足を組んだとき、両ひざにも体重の一部がかかる程度に、浅めに敷く。

靴下は脱いでおく。眼鏡も外す。ズボン（スラックス）のベルトはゆるめ、下腹で腹式呼吸が楽にできるようにする。ネクタイは取り、ワイシャツの首のボタンも外す。要するに体を締め付けているものをなくする。

坐禅の順序は「調身《ちょうしん》→調息《ちょうそく》→調心《ちょうしん》」である。すなわち身体の姿勢を調《ととの》え、ついで呼吸を調えると、ひとりでに心が調う、というわけである。

調身　まず右足を左股の上にのせ、次に左足を右股の上にのせる。これで足を組んだことになるが、この組み方を結跏趺坐《けっかふざ》と言う。体が硬くて結跏趺坐ができないときは、左足を右股の上にのせるだけでもよい。これを半跏《はんか》趺坐と言う。(結跏趺坐にしろ、半跏趺坐にしろ、左右の足を逆にしてもよい。前記①の本の五〇頁を参照)。大切なことは､両ひざが床に(座布団に)ついて、両ひざと、お尻と頭とで四面体ができる格好になることである。ひざが浮き上がっていては、体が安定しないのでだめだ。体が硬くてこの姿勢がうまく組めない方は、もう一枚坐蒲を増やしてお尻を上げてみるなど工夫をする。それでもだめならば、無理をせずに正座でやる。(正座も無理な方は、前記①の本に椅子に腰掛けてする方法も説明してあるので、参照されたい。)

次に、右手の平を上向けて足の上(下腹のすぐ前)におき、左手をその上に重ね、両手の親指は先がかすかに触れる程度に互いに合わせる。すると両手で卵形の空間ができる。腰を立てて、下腹を前下に突き出すようにし、背骨を真っ直ぐにのばす。ややあごを引いて頭のてっぺんを天に向かって突き上げるようにし、頭は前後左右に傾かないようにする。

両くちびると上下の歯は軽く合わせる。舌を上あごに付けると、坐禅中に唾液が出るのが抑えられる。

目は半眼(半分閉じる)にして、前方約一メートルのあたりに静かに落とす。目を開いているといろんなものが見えて精神集中ができないし、閉じると眠くなるので半眼がよい。目線は、気がめいっているようなときには、やや上向き、つまり一メートルよりも先を見、気があばれているときには、もっと下向きにするとよい。

このようにして体の準備ができたら、腰から上だけを前後左右に数回ゆっくりゆすって体を落ち着かせ（はまりこむべきところへはめるという感じ）、いったん姿勢が決まったならば、後は坐禅が終わるまで、一時間なら一時間の間は、絶対に動かないことである。その間動いているのは、心臓と腹式呼吸の下腹だけとなる。

要するに、坐った仏像の形になればよい。

調息　体が調ったならば、次は呼吸を調える。呼吸は腹式で鼻を通して行う。最初に腹式で一回大きく深呼吸をする。吸うのは鼻で吸い、この時だけは、吐くのは口からハーッと吐く。その後は、鼻を通してゆっくりと静かに腹式呼吸を続けてゆく。時間と共に次第に心が落ち着いて、呼吸回数も減ってくる。ふつう大人は一分間に十数回呼吸をくり返しているが、それが十回に減り、五回になり、筆者の場合、一分間に二回までくらいになってゆく。師の老大師は、三分間に一回くらいにまでもなられる。最小限のエネルギーで生きているという感じである。いわば、生きたまま死んだようになることだ。（生きているのと死んでいるのが「一つ」になる。）

調心　無心になることが大切だから、何も考えてはいけない。考えてはいけないということすら、思ってもいけない。しかし実際は、坐禅を開始するといろんな考えが次から次へと立ち現れて、何も思わない、考えない、ということは、こんなにも難しいことかと感じる。そういった何かが現れたら、「これはいけない」などと思わず、相手にせずに放っておくとよい。追いかけないことだ。すれば、ひとりでに向こうから消えてゆく。一呼吸一呼吸こういった妄想を吐き出すように息をするのである。

入門のうちは気が散らないように、数息観《すそくかん》と言って息を心中で数えるという単純なことだけに集中するのがよい。「ひとおーーーーーつ」と数えながらゆーーっくりと息を吐き、吐き終わったら腹をふくらませて静かに深く空気を吸い、吸い終わったら、「ふたあーーーーーつ」と吐く。これをくり返して「とーおーーーーー」と十まで来たら、一へもどって、「ひとおーーーーーつ」からやりなおす。単純なことに集中しているから、ついつい一へもどることを忘れて、十一、十二とやってしまうこともあるが、それでもかまわない。息は短く吸って、長ーーーーく吐くのがよい。筆者は五秒くらいかけて吸い、二十五秒くらいかけて吐いている。少し慣れてくると、息の吐き方に乱れがなくなって、すーーっと、大地にキリを突き刺してゆくような感じで吐くことができるようになる。

こうしていると、ひとりでに下腹に力が満ちてくる。手の感覚がだるくなり、そのうちにその感覚も消えてゆく。額がひんやりして顔が青ざめてくるのが良いと言われている。禅定に入ってきたのである。（考え事をしていると、顔が赤くなる）。絶対の静寂というような状態で、耳が非常によく聞こえるようになり、寺での坐禅だと線香一本立ててするが、その線香の灰が落ちる音まで聞こえるようになる。遠くの電車の音や工事の金槌の音など騒音が聞こえ出すが、気にとめずに放っておく。

はじめのうちは足が痛いだけに終わるが、何回も坐禅しているうちに、足のことよりも睡魔が襲ってくるようになる。さらに続けてその状態を脱すると、坐禅も本ものの段階に入る。すると、魔と言うが、いろんな煩悩・妄想が湧き出してくるようになる。それを一つ一つ「むーーー」で決闘して殺してゆくのである。人間はいかに煩悩の塊かが分かる。疲れていると妄想は出にくく、禅定に入りやすいが、眠くなる。気を付けなければならないのは、観音様や仏様が現れたときだという。うっかりすると、坐禅中に仏に出会ったのだから、悟ったのだと錯覚する。ところが本当をいうと、その仏は妄想なのである。本当の世界は「無」なのだ。自分が消えて無に成り切ることが大事である。

ちょうどジェット機に乗って窓から外を眺めると、無限に広がった雲海の上を飛んでいることが分かるが、あのような気持ちになればよい。

禅定に入ると、心はまったく波立たない池の表面のように静寂になる。この状態は鏡にもたとえられている。禅定を通して、無色透明の清浄さ、美しさが分かってくる。美醜のない美しさである。ふつうに世間で言う美は本当の美しさではなく、汚れた美しさだという気がしてくる。美醜を言うことそのことが汚いと分かる。さらに無色透明で何も無いということは、無限の虚空に通じる。有限ならばその境目に、何か有ることになるからだ。心は禅定によって宇宙全体の大虚空に広がる。

禅定は、ぼんやりしてもうろうとなっているのではない。リラックスしてはいるのだが、集中力がみなぎって、火事でも起これば、すぐに飛び出せるような状態になっているのである。

自分が坐禅をしているという気持ちでなく、坐禅が坐禅をする状態になることが大切である。前者では自他（主観と客観）の二つに分かれているが、後者では自他が一つになって分裂していない。これでこそ言葉どおり精神統一になっているのである。たとえば坐禅中に雨が降り出したとしよう。そのとき「雨の音が聞こえる」という感覚だと、まだ主客の二つがある。つまり雨の音と、それを聞く自分の二つに分かれているのだ。どういった状態になればよいかと言うと、「ぽたり、ぽたり」（雨の音だけ）の世界に入ればよいのだ。

この「主観と客観の二つに分かれる以前」と言うか「主客合一」と言うか、その表現にはいろいろあろうが、それは仏教では非常に大切にされる心の状態である。つまり「一つ」である。

出定　定を出る、すなわち坐禅を止めることを出定と言う。

寺や坐禅会では、線香一本が燃えきる時間（四十〜五十分）が目安になっているし、また係が打つ小さい鐘の合図にしたがって坐禅を解けばよいのであるが、自分一人でするときには、坐禅を始める前にタイマーをセットしておく。カチカチと音のしないタイマーが良いから、携帯電話の目覚ましモードなどが適している。

坐禅を止《と》めるにあたっては、いきなり粗暴に立ち上がらずに、静かに体を動かし、もしも足がしびれている場合には、足を解いてしびれがもどるまで待ってから、静かに立ち上がる。しびれたまま立ち上がると、倒れて怪我をすることがあるので気を付けてほしい。

そして、坐禅で得た自由で清々《すがすが》しく安定した心の状態を失わないように、行住坐臥《ぎょうじゅうざが》すべてを坐禅と心得て生活する。「定力《じょうりき》を護持すること、嬰児《ように》（赤ん坊）を護るがごとくせよ」と古人は教えている。

続いて坐禅と道歌についてご紹介したい。

人の話し声は坐禅の邪魔になるのだが、不思議と虫の鳴き声は邪魔にならない。筆者は、夏の夕方、寺で坐禅していて蟬《せみ》しぐれを味わい、そのときはじめて松尾芭蕉の有名な句、

閑かさや岩にしみ入る蟬の声

の感覚が分かった。とくに「しみ入る」が筆者の心にしみ込んだ。この句は芭蕉の禅定体験からにじみ出ているにちがいないのだ。この句は昔から知ってはいた。そしておろかにも、岩などに声がしみ入るわけはないと物理的に考えていたが、坐禅してなるほどと、ようやく合点で

きた。たしかに、しみ入るのである。
ところで、道元禅師の道歌に、

聞くままに又心なき身にしあれば
己れなりけり軒の玉水《たまみず》

がある。さすがにこれは永平寺の開祖、道元禅師の禅定体験からのものと拝察している。まずは「聞くままに」である。すでに述べたように、「ぽたり、ぽたり」だけの世界である。「ままに」が良い。また「心なき身」で無の心が読めよう。次章で説明するが、禅定によって自己というものは無限に広がるのだが（逆の表現で、自己が消えると言っても同じこと）、禅師の場合、雨水は他ではなく、自己になっている。先に述べたように主客が一つになっている。これが「己れなりけり」だ。さらに坐禅の結果、世界や自然が美しく心に映るようになる。だからふつうの人にとっては、ただの雨水だが、禅師には「玉水」と映っているではないか。

また、至道無難《しどうぶなん》禅師は、大道の極意として、

いきなから死人となりてなりはてゝ
おもひのまゝにするわさそよき

とよんでおられる。上の句は、自我が消えて、という意味。すると下の句が示すように、思うままに振る舞っても逸脱しないで、真理のレールに乗った人生を歩むことができる、ということになるのだ。禅定によって、天地の道理にかなった本当の智慧（般若）が身に付くからである。

禅宗では、他の宗派よりも、ことのほか坐禅を重視している。日本臨済宗中興の祖と言われる白隠禅師は、今日でもこれ以上のものは作れないと言われているほどの、立派な『坐禅和讃』（坐禅をたたえる歌）を著されたが、その中に、

自性即ち無性にて　すでに戯論《けろん》を離れたり
因果一如の門ひらけ　無二無三の道直《なお》し

とある。この因果一如については後ほど（二〇八頁で）説明する。因と果も「一つ」なのである。

なお参考までに、この中の「自性即ち無性にて」は仏教の核心を歌った重要な句である。また戯論とは、無益で冗漫な議論一般、さらに分別する心の作用を言い、「空」を知ることにより消滅するという。

四　六波羅蜜は「一つ」

〈1〉次元を上げて立体的に考える

本書で論じている「一つ」を理会するためのコツの一つは、立体に当てはめて考えることである。肩や腰など肉体の方々がこりやすいのと同様に、われわれの頭脳は固く狭くなりやすい。そうなったとき、考えがどうしても直線的ないしは平面的になっていて、立体的にならないのである。

周知のところだが、立体は三次元、平面は二次元、直線は一次元である。頭が固くなると見方考え方の次元が下がる。

困った時は次元を上げよ

というのは一つの定理である。一次元思考で困った時には二次元思考にすれば解ける。二次元思考で行き詰まれば三次元思考にすれば解決する。たとえば、すれ違いができないほど幅の狭い一本道の両方から車が来たとしよう。当然二台とも進めなくなる。それは道が一次元だからだ。そこで道幅を広げて、つまり一次元の直線道路を広げて二次元の平面に次元を上げれば、すれ違いは自由となり、問題は解決する。しかし交通量が増えて交差点が混雑して困るのならば三次元の立体交差にすれば解けるというものだ。

だから､思考の次元を上げて立体的な考え方をすれば､難問「一つ」は納得しやすくなる。「○（円）と□（四角）は同じ」ということは、ちょっと理解に苦しむが、それは○と□を平面上の図形として考えているからで、次元を上げて立体、すなわち短い円柱を頭に描くとよい。すれば、円柱を上から見れば○、真横から眺めれば□で、共に同じ一つの立体の側面だということで納得がいこう。

〈2〉六波羅蜜

六波羅蜜は菩薩の六つの修行徳目である。波羅蜜はインドの古語であるサンスクリット語の「パーラミター」を漢字に当てはめたもので、悟るという意味をもつ。その波羅蜜に六つの項目があるので六波羅蜜と言うわけである。すなわち下記の六つを言う。

①布施、②持戒、③忍辱（忍耐）、④精進、⑤禅定、⑥智慧

自分が悟りを得たい（自利）と同時に、他の人々をも救いたい（利他）という心を菩提心というが、その菩提心を起こして修行している人が菩薩である。そして菩薩の行いが菩薩行である。なお菩薩と言えば、ふつう、観音菩薩・地蔵菩薩・普賢菩薩・勢至菩薩などが頭に浮かぶ

と思われるが、それは菩薩が理想化されたもので、実在した人物ではない。仏になる一歩手前まで修行が達成した人や、仏が世俗の衆生を救済するために化身となって現れた方々を表しているのであって、仏像その他を通して世に知られていることは、周知のところである。

その菩提心については、道元禅師が述べられた、次のような金言がある。筆者はこれを拝読したとき、はらはらと涙を流した覚えがある。

「菩提心を発《おこ》すといふは己れ未だ度《わた》らざる前《さき》に一切衆生を度さんと発願し営むなり、設《たと》ひ在家にもあれ、設ひ出家にもあれ、或ひは天上にもあれ、或ひは人間にもあれ、苦にありといふとも楽にありといふとも、早く自未得度先度他《じみとくどせんどた》の心を発すべし。其形陋《そのかたちいや》しといふとも、此心《このこころ》を発せば已《すで》に一切衆生の導師なり、設ひ七歳の女流なりとも即ち四衆の導師なり、衆生の慈父なり、男女を論ずること勿《なか》れ、此《こ》れ仏道極妙の法則なり。」（『修證義』第四章「発願利生」より）

この中の「度す」というのは「渡す」と同じで、此岸から彼岸へ、すなわち迷いの世界から悟りの世界へ行かせるという意味である。要するに、「よく聴くがよい。自分が悟ろうとするよりも先に、他の人々に悟ってもらうような願いを抱いて実行せよ。これが菩提心を起こすことであり、菩薩の行為である」というわけである。このことを漢文の一語で表したのが「自未得度先度他」で、これは「じみとくどせんどた」と、一息で読むように教えられている。訓読すれば、「自分が未《ま》だ度《ど》（悟り）を得る先に他を度する」となる。

そんなことをすれば自分は救われずに損をするように思う人もあろうが、そこが仏教の逆説的なところで、決してそんなことはなく、これくらい自分が救われ、豊かな心が得られることはないのである。自己中心的でなく、親が子に対するように、自己犠牲をものともせず他を救う、これが大乗仏教（今の日本のほとんどすべての仏教）の根幹姿勢であり、六波羅蜜はそのためにこそ設けられた道なのである。

以下に簡単にその内容に触れておこう。

①布施――ふつうお坊さんに払う謝礼の意味で使われているが、六波羅蜜の中の布施はそうではなく、物質・肉体・精神のあらゆる面で他者に奉仕することを言う。

②持戒――仏の戒（いましめ）を守って持（たも）ち続け、身をつつしむこと。

③忍辱――他に対して常に寛容で、他から加えられたいかなる辱（はずかしめ）や困難をも耐え忍（しの）ぶだけでなく、逆に自分がどんなに得意な状況になっても高ぶらない心を持つこと。広義の忍耐。

④精進――われを忘れるほどに集中して、善なること意義あることに一所懸命努力すること。

⑤禅定――すでに述べた坐禅で得られる心境。坐禅で心が定まって微動だにしない状態。心

を水面にたとえると、その波立ちを治め、水面を動揺や波のない鏡のように平静な状態に保ち、静かで落ち着いた心になること。

⑥智慧——宇宙の真の姿（実相）を見極め、その見極めより派生した多くの真理を自利・利他に生かしていくこと。この智慧は略さずに言えば智慧波羅蜜だが、それは仏道で最も重要な悟りへの道、般若波羅蜜のことである。

さて、このように箇条書きにすると、一般常識からすれば六つに分かれた別々の内容が並んでいるように見えるであろうが、この六つの項目は並列的に六分類されているのではない。実践してみると分かることだが、じつは一つのものの六つの側面を示しているのである。

前述したように次元を上げて立体的に考えてみよう。図形にたとえてみれば、立方体という一つのもの（菩薩の修行）があり、その各六面が六波羅蜜のそれぞれに対応するといった格好になる。

内容の相互関係を考慮して各六面をそれぞれに当てはめてみれば、以下のようになろう。

正面＝智慧

六波羅蜜のうちで最重要なもの。他の五つの波羅蜜はこの智慧のためにこそあると言ってもよい。ゆえに智慧を正面に配置した。

背面＝精進

精進こそが、他の五波羅蜜のすべてを後押しして推進させる。ゆえに背面。

底面＝禅定

本章第三節の冒頭（七九頁）で述べたように、仏教の修行の基本的順序として「戒・定・慧」という三学が説かれているが、これは六波羅蜜の持戒・禅定・智慧の略と見てよい。この順序には重い意味があり、持戒なしに禅定は得られず、禅定なくして智慧は出てはこないのである。このように禅定は智慧を根底から支えるものなので、底面に配した。

上面＝布施

布施は六波羅蜜の最初に置かれており、特別な立場のものである。仏教には菩薩のほかに声聞と呼ばれる修行者もあったが、その声聞の修行道として、四諦という法門がある。大乗仏教の菩薩には一切衆生を救うという大願目があるが、声聞は自分だけが悟ればよいという狭い立場の修行者だから、四諦の中に布施は入っていないのである。このように、布施は菩薩のための特有な徳目ゆえ、上面にあてがった。

左側面＝忍辱

右側面＝持戒

忍辱と持戒と、どちらが左でも右でもよいと考えられるが、いちおうこのように配置した。

このように、一つの悟りへの道（波羅蜜）が六つの顔をもっているという構造になっているのである。

なお布施についてであるが、災害地へ出かけて、直接身をもって救助に挺身するボランティア活動は、身施という布施である。

しかし気を付けなければならない大切なことがある。厳しいことを言うようだが、もしもボランティアに、自分は善いこと、感心なことをしているのだという自負の気持ちが芽生えてくると、布施が布施でなくなってしまう。そういう布施は仏教では汚れたものとして歓迎しない。このことは布施全般に通じることだが、①布施する側の気持ちや態度、②布施される物や行為の内容、③布施を受ける側の精神状態や姿勢、の三つともが清らかなことが要求される。このことを仏教では「三輪清浄」と言って大切にされている。

それは仏教では、おれが、私が、というふうに、自我が頭をもたげてくることを非常に嫌うからである。六波羅蜜を行じてこの世の真実の姿（実相）が分かってくると、いわゆる自己というものは実体のない仮のものだということに気付く。実体のない自分などに執着して、うぬぼれの気持ちが湧いているようでは、悟りなど遠いところへ逃げて行ってしまい、本当に豊かな気持ちにはなれないからだ。だからこそ布施が六波羅蜜の最初に置かれて、自己犠牲や自我滅却を修練するようになっているのである。つまり①、②、③の三輪も共に空として「一つ」になることが重んじられているのである。

ゆえに、なんらかの見返りや報酬を期待して行うような布施は、汚れているから布施ではない。へつらわないことが肝心だ。早い話が、親が子にしてやるとき、子からの見返りを期待しているだろうか。今こうしてやれば、老後に養ってもらえるからするのだ、というような打算的な気持ちはまったくないではないか。自分を犠牲にしても子に尽くして、それでいてうれしいのである。それと同じことで、何も見返りなど期待しない、つまり布施をすると自分に功徳が与えられるなどという気さえ起こさないのが最高で、清らかなのである。逆説的だが、そういうきれいな精神状態で布施を実行したときにこそ、功徳が与えられるのである。また以上は布施する側の心得だが、布施を受ける側としても、貪る心があると、布施が汚れてくる、感謝して無心に布施を受けることが大切だ。

布施の基本は慈悲にあるが、人間一般の悪弊として、人にものを恵むときに、ついつい「やってやる」とか「施してやる」という、上から下を見下ろした気持ちが湧くものだ。この点についてはとくに注意が必要である。無心に行うのが最高だが、もしもそのような気持ちが湧いた場合には、下から上へ向かって差し上げる、施させて頂くという謙虚さが大切だと、反省することである。

〈3〉積み上げ構造ではない

かつて、数学、とくに幾何学を学んだときに、先生からくどくど言い聞かされたことだが、「数学は土台から始まって、順次に定理を証明し、その定理を使ってまた次の定理を証明するという積み上げ方式だから、まだこれから後で証明する定理を用いてそれよりも前の定理を証明してはならない。それは、まだ二階ができていないのに三階を作ることはできないのと同じだ」ということだった。

数学に限らず、物理学や電子工学をはじめとする理工学全般はもちろん、文系の論理学や哲学などを含めて、ほとんどの自然科学、人文科学、社会科学での頭の構造は、このように土台から順次上へ向かって築き上げる、建築のような構造をしていると思われる。

失礼ながら、読者のほとんどは、長年そのような学問を学んだことによって、頭脳構造が建築構造に固まってしまっておられるのではないかと推察している。

しかし仏教の構造はそのような固定的なものではないのである。融通無礙なものであって、今お話ししている六波羅蜜はその一例であり、建築のような基礎からの積み上げ構造をしてはいないのである。こういう点が仏教の分かりにくさの原因の一つだと思われるが、ぜひこれを乗り越えられることを切望する。

すなわち、①の布施が完成しなければ、②の持戒へ進めないというものではなく、また③の忍辱を卒業しなければ、④の精進へ入れないのではないのである。たとえば最高レベルの清らかな布施①を実行するには、後で述べるように、空の智慧が必用で、それは智慧⑥がそなわってこそなのである。要するにこの六つの波羅蜜は互いに助け合いながら高いレベルへと上がっていく構造をしているわけで、一つだけが抜きん出ることができるというものではないのである。禅定なしに智慧だけを得ようとしても、それは無理な相談になってしまうのである。

以上要するに、豊かに生きるためには心を豊かにせねばならず、そのためには菩提心を起こす必用があり、その心が起きればその人は菩薩で、その菩薩の修行の徳目として六つが挙げられていて、それを六波羅蜜と呼ぶが、その六つは悟りへ向かう、すなわち心を最高に豊かにするための、一つの道の六つの側面だ、というわけである。六つにして一つ、一つにして六つなのである。

第五章

自他を「一つ」に

一　自他一体という「一つ」、慈悲

第四章第三節の「個三昧の精神状態」で、三昧という状態が身に付くと、不思議にも、「ひとりでにその「モノ」が自分だという気持ちがしてくる。すなわち、モノと自分とが一体になってくるのである」（八四頁）と述べたが、それは物作りを例に説明したので相手は「モノ」になっているのであって、このことは「モノ」に限ったことではなく、人についても同様のことが成立するのである。つまり「他人と自分との一体感」が湧くのである。仏教は究極に於《お》いては、この「自他一体」「自即他」を教えるものと言ってもよいくらいである。

仏教は智慧と慈悲との教えと言われる。智慧についてはすでに第一章と第二章、また第四章で、わずかながら説明したし、後に第八章（一八七頁）で解説する予定であるから、ここでは慈悲について話したい。（とはいえ、智慧と慈悲も関係のない二つのものではなく、究極においては一つになるのである。）

慈悲の「慈」とは、ひとを幸せにしてあげたいという心で、「悲」は、ひとの苦しみを取り除いてあげたいという心を言う。言ってみればマイナスからゼロへ持ち上げてあげようというのが「悲」で、ゼロからプラスに上げてあげようというのが「慈」である。つまり「悲」は「抜苦（苦しみを抜く）」であり、「慈」は「与楽（楽しみを与える）」ということである。相手の喜びをわがことのように喜び、相手の苦しみを自分の苦しみと感じ取る自他一体でこそ、本物の慈悲が実行できる。

慈悲は一般的に言われている愛と同じように思えるが、本当の慈悲はそれよりももっと深い。仏教独特の思想から出たもので、肉親への愛とか仲間や友人への愛も含めて、特定の人に対してでなく、広くすべての人に対して、しかも人だけでなく物に対しても普遍的な仁愛を持つことを言う。しかも慈悲は深い智慧に裏付けられたもので、しばしば見られるような、情におぼれ、煩悩にまどわされた溺愛ではないのである。

白隠禅師が夏のある時、セミが殻から出ようとして懸命にもがいているのを見られ、殻の割れ目を開いて殻から出るのを手伝ってやられたところ、そのセミは殻からは容易に出たが、飛ぶ力が発揮できず、結局死んでしまった。セミは自力でもがくことで飛ぶ力が得られるのである。禅師はご自分がなさった間違った愛を深く後悔されたと、伝えられている。同じことになるが、子供が道で転んでも、すぐに抱き起こすよりも、声で元気づけ、自力で起き上がらせる方が慈悲の精神にかなっている。しかしもちろん、交通事情などで危険が迫ってきている場合には、すぐに抱きとってやることが慈悲である。

ともかく、相手の性格や環境条件などに応じて、その場その場に合った適切な行動をとって、その相手が全機（第一章第四節、二五頁参照）するように、すなわち相手が持てる機能を百パーセント発揮できるように行動すること、これが智慧にもとづく慈悲である。

仏教の根底をなす慈悲も、真に相手の身になること、相手と一つになるところから始まるのである。

二　『法華経』に見る菩薩の態度は「一つ」

『妙法蓮華経』（略して『法華経』）の五百弟子受記品第八の中に次のような偈（お経の中の詩）がある。（漢文では美しい五文字ずつの形をしているが、以下では読み下し文で示す。庭野日敬『新釈法華三部経5』五一～五七頁。坂本幸男・岩本裕訳注『法華経（中）』一〇〇～一〇三頁。）

諸《もろもろ》の比丘《びく》よ諦《あきら》かに聴け　仏子の行ずる所の道は
善く方便を学べるが故に　思議することを得《う》べからず
衆の小法を楽《ねが》って　大智を畏《おそ》るることを知れり
是の故に諸の菩薩は　声聞・縁覚と作《な》り
無数の方便を以て　諸の衆生類を化《け》して
自ら「是れ声聞なり　仏道を去ること甚《はなは》だ遠し」と説き
無量の衆を度脱して　皆悉く成就することを得せしむ
小欲懈《け》怠《だい》なりと雖《いえど》も　漸《ようや》く当《まさ》に仏と作らしむべし
内に菩薩の行を秘し　外に是れ声聞なりと現ず

少欲にして生死を厭《いと》えども　実には自ら仏土を浄《きよ》む

この意味を述べる前に、偈中にある「声聞」「縁覚」について簡単に説明しておこう。声聞は、仏の教え（声）を聞いて悟りを得ようとする修行者、また縁覚は、師なしで独自に悟ろうとする修行者で、共に自分だけ救われようとして利他の姿勢がないところから、二乗と言われ、菩薩よりも低いランクに見られていたのである。

そこでこの偈の意味を示そう。

「比丘（男の出家修行者）たちよ、心して聴きなさい。仏の弟子は方便をよく学んでいるので、相手に応じ場合により、いろいろな手段で導くことに精通していますから、その行いは、並の頭では考えも及ばず、不思議に思われることが多々あるものです。そして衆生は小法すなわち取り付きやすい考えを好み、深淵で大きな智慧の教えは敬遠することを知っています。ですから菩薩たちは自ら一段低く下がって、声聞や縁覚に変身し、さまざまな手段で迷える衆生を教化するのです。自分のことを、まだ声聞であって悟りにはほど遠い身であると言って衆生に親近感を生じさせ、この人ならばついてゆけそうだと思わせ、巧みに無数の衆生を救って、悟りを得させるのです。こうして小法を欲して大乗を求めることを怠る人々をも、だんだん仏の悟りへと導くのです。心の中では菩薩の行をしているという信念を持ちながら、それを押し隠して、外見は低いレベルの修行者であるかのように振る舞うのです。生死など世の無常を解脱したいだけという自己中心的な目的で修行しているようには見えますが、じつは利他を行い、社会全体を良くしようとして仏国土を浄めているのです」

ということである。この中の、

「内に菩薩の行を秘し、外に是れ声聞なりと現ず」

は、自他一体のための名句である。自分のレベルをてらうのではなく、そんなことは問題にしないで、相手と「一つ」、「自即他」になるための素晴らしい心得である。さすがに無我を説く仏教である。

三　聴くは「一つ」

〈1〉心を空にして聴く「一つ」

一般に人間には、各人各様の考え方があり、それぞれ価値観は同じではない。さらに学業や職業の専門ということが、それらの価値観を深めもし多様化させている。そして誰もが自分の価値観というものを大切にしている。人間の弱点として、自分の考えは正しく、他人のそれには欠点があると、本能的に思ってしまうのである。

ところでその大切な価値観であるが、それが邪魔をする場合がある。先に結論から言ってしまえば、各自の異なった価値観が自他一体化を妨げるのである。下記のように相手の言いたいことが十分に聴けないからである。

あるとき天下の本田宗一郎さんは筆者に言われた。

本田「話をしていると「私はこれが専門だから」という言葉がすぐに出てしまう。あれが僕はどうにも気にくわないんだけどね。あれでは相手の言うことが聴けないですよ」

筆者「心が空になっていないと入ってきませんわね」

本田「要するに無であり――、無というのは何もないじゃなく、持ってはいるけれどなんでも入る持ち方をするという持ち方なんですね。これは仏教の基本であり、本当を言えば人間の基本なんですね。これがないと発明もできない……」

ふつうわれわれは、人の話を聞くときは、本能的に自分の価値観のフィルターを通して、つまり分別しながら聞いている。その場合、自分の価値観に合わない話はフィルターで反射してしまって、自分の心の中に入ってこないのである。本田さんが言われたことは、そのフィルターを脇に除けて、素通しにして無分別に（第二章第一節、五〇頁）聞けということなのだ。「きく」を漢字で表すと「聞」と「聴」とがある。聞は耳から音波が入って感じること一般を言うが、聴の方は、問題意識を持ち、耳を傾け、真剣にきくことを言う。心ここに在らざれば「きけどもきこえず」は「聴けども聞えず」と書く。これは後に述べる空の姿勢になるが、自分の専門、自己の価値観を脇に除けて、心を無にしてきくことが、聴くことに通じるのである。これは正しく聴く、ありのままに聴く条件である。そうでなければ、本当の意味で相手と一体になることはできない。

自他一体の入門は、フィルターなしで聴くことから始まると言ってもよかろう。別の表現をすれば、「無分別の聴き方」と言える。

〈2〉相手に心を開いてもらう「一つ」

相手と「一つ」になるためには、相手に心を開いてもらう必要がある。とくに相手が悩みを打ち明けようとしている場合には、価値観のフィルターを通して聞くと、相手の心の中全体を聞きとる前に、その悩みの原因が見えてしまってじっと聞いていられず、その原因を取り除くアドヴァイスを急いでしてしまうものである。頭の回転の速い人ほどこの傾向は顕著である。もちろんこれは善意から出た姿勢ではあるが、この姿勢では相手は心を開かないものである。

こちらの思い、考えを相手に突っ込んでいく前に、心を空にして相手が訴えようとしている全部を静かに聴き共感することである。そして、思いが本当に受け入れられたと相手に実感してもらうことができたとき、相手の心は開き、どのようなアドヴァイスでも受け入れてもらえるようになる。それでこそ相手と「一つ」になるための条件が整い、相手に対して「悲」すなわち抜苦が可能になるのである。

第六章

『法華経』での「一つ」

この章では、『妙法蓮華経』(略して『法華経』)の中で二元性一原論的な「一つ」に関係しているところ、数カ所を取り上げてみたいと思う。

一 開三顕一という「一つ」

この「開三顕一《かいさんけんいつ》」ということは『法華経』全体について言えることである。前の第五章第二節で、声聞と縁覚とについて述べたところを読まれると、声聞・縁覚の二乗は菩薩と対立したもののように思われるかもしれないが、『法華経』は「開三顕一」と言って、声聞・縁覚・菩薩の三乗を開いて(融合させて)一乗を顕《あらわ》す(一乗にまとめる)お経である。『法華経』は菩薩と菩薩行について非常によく説かれているが、それは声聞乗・縁覚乗に対立する菩薩乗を説いているのではなく、声聞・縁覚・菩薩の三乗のすべてが成仏できる道、すなわち一仏乗を示しているのである。ここにも仏教の深く大きな思想「一つ」が現れている。

細かに言えば二元性一原論ではなく三元性一原論と言うべきだとの意見も出ようが、大きな思想である二元性一原論にとっては、末節にとらわれず、三も二の内と柔軟に考えてほしい。そしてこの思想が『勝鬘経』などを通して、後述の『大乗起信論』に受け継がれているのである(平川彰『大乗起信論』五五頁)。

『法華経』の方便品第二には次のような件がある(庭野日敬『新釈法華三部経2』二七〇~

二七六頁)。

「仏、舎利弗《しゃりほつ》に告げたまわく、諸仏如来は但《ただ》菩薩を教化したもう。諸の所作あるは常に一事の為なり。唯《ただ》仏の知見を以て衆生に示悟《じご》したまわんとなり。舎利弗、如来は但一仏乗を以ての故に、衆生の為に法を説きたもう。余乗《よじょう》の若しは二、若しは三あることなし。」

この意味はすなわち、「仏が弟子の舎利弗におっしゃいました。もろもろの仏は、ただ菩薩だけを教化されるのです。さまざまな方法で説かれるのも、ただ一つの事のため、すなわち「すべての人は平等に仏になれる」という仏の智慧を、衆生に示し悟らせるためです。よいか舎利弗よ、如来は「すべての人を平等に仏の境地に導く」というただ「一つ」の目的のために、衆生に説法されるのです。真実は、ほかにはなく、二つの教えとか、三つの教えとか、そういう区別はないのです」ということである。

ここに法華経の一仏乗の意義がハッキリと示されている。声聞も縁覚も衆生を救う修行の志を起こせば、その瞬間から菩薩となるわけである。二つや三つの教えがあるように見えるのは、仏の方便でそれぞれの段階の人に適した教えを説かれたまでのこと。真実の教えはあくまでも「一つ」しかないのだ、ということである。

二　命をねらう者との「一つ」

『法華経』提婆達多品第十二に示されている教えである。

提婆達多は釈尊とはいとこの間柄で、釈尊に従って出家をしたが、釈尊をねたみ、ことごとく敵対し、最後には釈尊の命までも奪おうとした悪人だった。しかし釈尊はその提婆達多を善知識（導いてくれる人）と呼ばれ、怒られたり憎まれることはなかったのであった。このような極悪人にも、その奥の奥には仏性（仏になる可能性）があることを認められていたからであった。釈尊には、提婆達多とも「一つ」というお気持ちがあったのだと拝察される。

われわれ凡人は理論的には「一切衆生悉有仏性」という教説が分かったつもりでいても、現実に命を脅かされるとその相手を本能的に憎み怒ってしまい、その仏性を拝む気持ちは即座には現れ出ないものである。しかし聖者釈尊はそこが違うのである。思わず合掌したくなる。

三　善・無記・悪は「一つ」

『法華経』に限らず、仏教全般に関係したものであるが、「(価値の) 三性《さんしょう》の理」という教義がある。三性の理が説く「転じる」という考え方が仏教にはしばしば現れるので、ここで最小限必要なところを説明しておく。(詳しくは拙著『退歩を学べ』の第四章「仏教が説く善・悪」

で徹底的に解説しておいたので、そちらを参照されたい。）

三性とは、善・無記・悪の三つを言う。この無記とは記する無しということで、この記とは、これは善いから○、これは悪だから×というしるしを付けることを言うが、そういうことが無いというのが無記である。無記はふつうの仏教関係の辞書などには、善でも悪でもないもの、と簡単に書いてあるが、それでは善・無記・悪の三つが並列同格で並んでいるように思われて、転じるという重要概念は理解できない。そこで第二章の図1（三八頁）あるいは図3（四一頁）の二元性一原論をここに登場させよう。三性を図3に当てはめると図10のようになる。

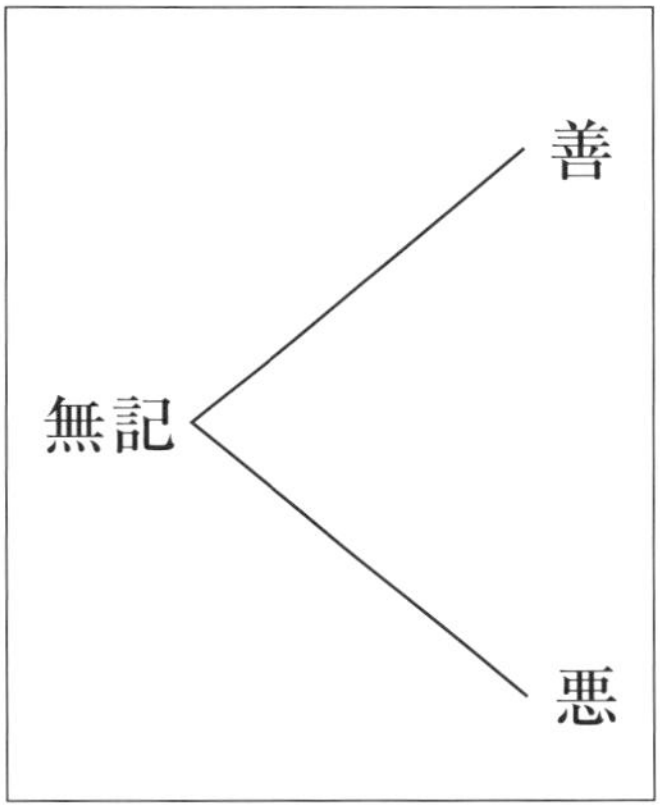

図10　三性の二元性一原論的な位置付け

つまり無記とは、善悪の価値観を昇華させて、そのものや、行為を冷静に淡々と観察した場合の表現である。たとえば、ドスは人を殺傷する悪の存在であり、メスは人を救う善の存在だが、この両者から善悪を抜いてしまって、その外見にも迷わされず、共通した本質にだけ着目すると、共に「鋭利な鉄のへら」という善でも悪でもない無記の表現になる。ここで注目すべき大事な点は、ドスでも応急的な簡単な手術はできるし、メスでも人を殺傷することができるということである。

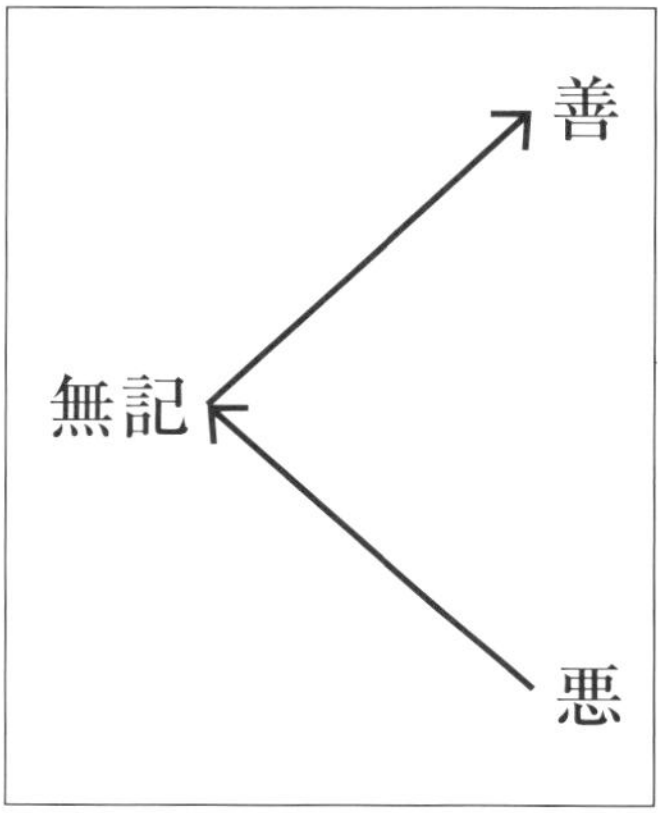

図11　悪は無記を通して善に転じることができる

われわれはドスとメスとは正反対の別物だと思っているが、じつは「鋭利な鉄のへら」という意味では同じ物なのである。同様に、書く（善）と汚す（悪）も、白い紙に黒い跡を付けるということ（無記）では同じなのである。字が読めないネコが見れば、まったく同じに見えるであろうことが理会できよう。街中でしばしば見られる、塀やシャッターに書かれた落書きを思えば、書くと汚すは本当に同じことだと言える。われわれはふつう、無記という一つのものに善と悪というまったく正反対の二つの名前を付け、それを別々の違ったものだと思っているが、そうではないのである。以上が三性の理の要点である。

そこで図11の（矢印の）ように、悪は無記を通して善に変えられることが分かろう。

四　貪著を抜出する「一つ」

これだけの準備をして、『法華経』の五百弟子受記品第八にある、衆生処処《しゅじょうしょしょ》の貪著《とんじゃく》を抜出《ばっすい》したもうの句を味わわせて頂こう。

人間一般には、とらわれと貪欲という精神作用があり、それが自分自身を苦しめ、また他人にも良くない影響を及ぼしているのがふつうである（貪欲についても、拙著『退歩を学べ』一五六頁以下で詳述した）。ある人は金銭にとらわれ、金を得れば得るほどますます欲しくなり満足することがない。またある人は名誉にとらわれ、やはりそれを貪っている。あるいは官能にとらわれおぼれている人もある。これが「衆生処処の貪著」である。もちろん仏教的に言えばどれも良くない姿勢で、改めなければならない。仏教は、何ものにもとらわれない姿勢を養うものと言ってもよいからである。

ところでその対策であるが、ふつうは抑えつけ禁止する方向へと向かってしまうのであるが、それを理性だけを頼りに行おうとすると、我慢という無理が生じ、長続きしない。我慢とは本能の勃興を理性が押さえつけるわけだから、自分の体内が二分し抗争するので、「一つ」の原理に反することになる。そのうえストレスが蓄積して身体に良くない。

そこで、それらの欲望を転じればよいのである。「本能は無記」なのだから、前節の図11に示したように、悪の欲望を無記を通して善の欲望に転じるのである。自己を完成させる自利と、社会に役立つ利他のエネルギーに方向転換するのである。こうすれば自分の心が二つに分かれてストレスを感じることなく、「一つ」になって無理なく解決できる。これが抜出である。こういうところにも仏教の素晴らしさが観られる。

五　保守と進歩が合一した「一つ」

同じく五百弟子受記品第八の、前節で示した「衆生処処の貪著を抜出したもう」のすぐ後に、

精勤《しょうごん》して我が法を護持し助宣《じょせん》し

という句がある。これは釈尊の十大弟子の一人で、説法第一と言われた富楼那尊者の説法を、釈尊がおほめになったお言葉の一部であるが、「富楼那は一所懸命に努力して、私の教えが正しく世に行われるように護り、また私を助けて教えを宣べ広め……」という意味である。

ここで護持は、消極的に、教えがすたれることがないようにしっかりと護り持《たも》つことを言い、一方助宣は、積極的に教えを宣べ広めてゆく姿勢を言う。

つまり前者は守りの姿勢の保守であり、後者は攻めの姿勢の革新である。これは陰と陽の関係と言ってもよかろう。政治の世界を見ていると、保守と革新は犬猿の仲のように対立して二

つに分かれ二見に堕しているが、この宇宙は夜と昼のように陰陽が助け合い、合一して成り立っているのが真理であるから、この二つは合一すべきものである。それでこそ事柄は円滑に進むのである。

釈尊のお言葉「護持し助宣し」は、保守と革新が合一した「保守即革新」の現れと、味わせて頂くことができる。

六　自力即他力という「一つ」

〈1〉「三車火宅の譬え」

『法華経』譬喩品第三に「三車火宅の譬え」という有名なたとえ話がある。そのあらましは以下のようである（庭野日敬『新釈法華三部経10』二七三〜二七六頁）。

「ある国に大長者がいました。広大な屋敷を持っていましたが、門は小さなのが一つで、家は荒れ果てていました。とつぜんその家から火事が出て、火はみるみる燃え広がりましたが、家の中には長者の子供たちが何人もいたのです。外にいた長者はおどろいて家に入ってみると、子供たちは遊び戯れて火事に気付かず、逃げ出そうという気も起こさない様子でした。」

「そこで長者は一瞬考えました。自分は体に大力があるから、箱のような物に子供たちをぜんぶ乗せて、外に押し出してやろうか、と。だがすぐに、それではこぼれ落ちた者は焼け死んでしまうし、自分から進んで外へ出ようとするようにしむけるのが第一だと考え直し、子供たちに「火事だ！　早く外へ出なさい」と叫びましたが、子供たちは遊び戯れていて長者の顔を見ただけで問題にしないのです。」

「それで長者は救済の方便として、子供たちが車を欲しがっていたことを思いつき、その車を与えるということで、子供たちを門の外に誘い出すアイデアが閃いたのでした。「お前たちの大好きな、羊が引く車や、鹿の引く車や、牛の引く車が門の外にあるぞ！　早く行って好きな車で遊びなさい!!」と叫びましたら、子供たちはわれ先にと走り出して、燃えさかる屋敷から外へ出たのです。」

「子供たちは長者に早く車を下さいとせがみましたところ、長者は、子供たちが欲しがっていたふつうの車ではなく、白牛が引く立派な車を皆に等しく与えたのでした。」

たとえ話のあらすじは以上のようなことであるが、ここで、

長者＝仏（法身の仏、宇宙の大生命のハタラキ）

子供たち＝われわれ凡夫

荒れ果てた屋敷＝現実の人間社会

火事＝われわれの煩悩

羊が引く車＝声聞乗
鹿の引く車＝縁覚乗
牛の引く車＝菩薩乗（これは声聞乗や縁覚乗と対立した、低いレベルの菩薩乗）
白牛が引く立派な車＝一仏乗

という対比に気付いてほしい。ここにも、前述の「開三顕一」がたとえられている。

このたとえ話は非常に奥が深く、仏教の重要な事柄がいくつも含まれているのであるが、本書のここでの話の筋としては、子供たちを箱に乗せて屋敷から押し出すことを考え直して、車の魅力を活用して子供たちが自分から進んで外に出るように仕向けた点に着目したい。自分の意志で外に出た点が重要なのである。これは言ってみれば自力による救われなのである。自ら進んで出たのであるから、よほどのことがない限り後もどりはしない。

ところがよく考えてみれば、車で誘い出すというアイデアは長者が出したものであるから、子供たちにとっては他から来たもので他力である。つまり他力によって自力で動くように仕向けられたのであるから、このたとえ話では、他力と自力が「自力即他力、他力即自力」と見事に「一つ」になっているのである。

〈2〉ロボットコンテスト（ロボコン）

ところで第四章第三節の「物作り三昧の偉力」で述べた、八戸三中のロボコンは、期せずして前記の「三車火宅の譬え」に似たものとなったのであった。

ふつうの、教科書やプリント中心の座学授業では、始まって十分もたたないうちに席を立って保健室へ出て行ってしまう子供が、ロボコンというロボット製作授業では二時間もがんばるという事実や、次はロボット作りの技術の授業だとなると、教室を移動する生徒たちのスピードが違い走って行くという現象は、まさに車の魅力で子供たちが燃えさかる屋敷から外へ出たのに通じると思われる。筆者はいくつかのロボコン感想文を載せたが、どれを読んでも子供たちの自己が立派に育っていることが分かる。いやいややらされるという教育を受けてきた子供たちに、自ら進んでやろうという気概が湧いたのである。その自力は、下山先生という技術担当の先生から他力的に与えられたもので、まさに「自力即他力、他力即自力」になっている。本当のやる気を起こさせる教育とは、このようなことを言うのである。

〈3〉自動車に運転させせられている他力

話は車の運転に変わる。

分かりきったことだが、自動車を右へ走らせるためにはハンドルを右へ回す。左へ向かわせたいときにはハンドルを左へ切る。停止させたい場合はブレーキペダルを踏む。こういうことを車を制御すると言う。

この制御という言葉は、もとは馬に乗るというところからきている。暴れ馬を、われわれが思うようにおとなしくさせるのが「制」するということであり、手綱を操ってわれわれが行きたい方向へ向かわせる、つまり馬に乗ってこちらの意志のままに操縦することが「御」である。

だから自動車を制御するとは、自動車を意のままに操ること、すなわち自動車に運転者の意志を通わせることであって、われわれは、それをハンドルだとかペダルだとかを媒介にしてやっているわけである。そして、このように、自動車を運転しているとき、「自分がこの自動車を自分の思いどおりに動かしているのだ、つまり能動だ」と思いがちだが、考えてみれば、「その自動車を動かすために、自分の手足は自動車によって制御されている、つまり受動だ」とも言えるのである。極端な表現をすると、自動車を運転するために、やむなく自分は手足を動かさざるを得なくなっているのである。

つまり、能動即受動になっていることに気付く。「制御することは、制御されること」なのである。換言すれば「自力即他力」なのだ。そしてこのことは自動車に限らず、人間が操るすべての機械に当てはまる。いや機械に限らず、部下を導く場合などもそうである。

人によっては、「いや、そんなことはない。もっと自動化が進めば、手足など動かさないでも脳波などを媒介にして機械を操ることができる」と言われるかもしれないが、どんなに技術が進歩しても、自分が「思う」ということだけはしなければならない。つまり操ろうとする機械が自分の心を動かしていることになるのである。

この事実を仏教的に表現すれば、（法身の）仏によって作られた人間が設計製作した機械、すなわち間接的には仏が作られた機械を、仏によって作られた人間が制御していることになるので、仏性が仏性を動かしているということになるのである。

ゆえにこの世は「自力即他力、他力即自力」なのだ。

七　方便即真実という「一つ」

方便は、ウパーヤという、接近するとか到達するという意味のサンスクリット語に対応した漢語であって、衆生を導くための優れた教化方法、巧みな手段を意味する。方便は真実と対になる概念で、衆生に真実を明かすまでの一時的な仮の手段である（『岩波仏教辞典』初版、七二九頁右）。

たとえば、本章第一節の「開三顕一」の三、すなわち声聞乗、縁覚乗、菩薩乗の三乗の教えは仮の教え、すなわち方便であって、結局それは三乗の人すべてが仏となることができる一仏乗に帰するわけである。

また本章第六節1項の「三車火宅の譬え」での長者の姿勢も、子供たちに自ら燃えさかる屋敷から外へ出ようという気を起こさせて、子供たちを救った素晴らしい巧みな方便である。

つまり方便は、一気に真っ直ぐに真実に向かう法を説いても、相手に理解させられない場合に、わずか一段でも二段でもよいから相手の境地を真実に近づけるための暫定的な導きの方法である。ゆえに方便は、一見真実とは反対の対立概念に思えたりはするが、このように考えると方便の中に真実が込められているわけで、「方便即真実」と言うことができる。仏法は難しいものだから、一気に方便なしで分かる能力の持ち主は非常に少ない。したがって、方便は仏法を広めるためには非常に重要なもので、方便なしには真理を知ることも、それを行うこともできないと言われるくらいである。したがって「真実即方便」である。

「三車火宅の譬え」での長者の姿勢のように、巧みな方便を駆使するには、その場その場に応じた状況を判断できる資質と共に、アイデアが駆使できる創造性を生み出す柔らかい頭が必要である。真理に目覚めていると同時に、方便力をそなえることが、指導者の資質である。

八　差別即平等という「一つ」

〈1〉指を知れば真理が分かる――小指はだめな指か

筆者が大学で教えていた頃、時々、学生にこんな質問をしたものだった。

「自分を指にたとえてみたら、何指かを言ってごらん」と。

すると、教室で前の方に席を取り熱心に講義を聴いている学生は、たいてい「僕は親指です」とか「人差し指です」と答える。しかし、教室の後ろの方に座って、授業はそっちのけで漫画の本を眺めているような学生は、「僕は小指です」と小声で答えたものだった。

どうやらそのような学生は、自分はだめな学生だと自分自身をいやしめている感じであったし、小指は細く短いのでだめな指だと思っているようだった。また熱心な学生は、親指とか人差し指をよい指だと考えている感じがした。

筆者はこれはまずいと思った。それは学生たちが指の平等に気が付いていないからであった。それでその小指の学生を教壇の方へ呼び寄せ、「ここで逆立ちしてごらん」と言って逆立ちさせてみた。するとすぐに分かることだが、小指が利いていないと逆立ちができないのである。左右両方の手の平でいちばん外側にあるのが小指で、体の重心がそれより外に出ると倒れてしまう。逆立ちのとき力を入れてがんばる大事な指は小指なのである。

また、「金槌で釘を打ってごらん。小指が利かないと打てないよ」とか「ゴルフのボールが飛ばないよ」とか、いろいろ小指が力を出すためにどんなに役立っているかを教えたものだった。いちばん細い小指だが、それは手が力を出すために大切な指なのである。

それだけではない。行儀のいい話ではないが、鼻をほじるのは小指にしかできない。他の指では太過ぎてだめである。またコップや湯のみ茶わんを持った手をよく見ると、小指だけがはねて遊んでいる人が多いが、この場合、小指は不要なのかというとそうではない。われわれは湯のみをなんの気くばりもせずにテーブルへ置くが、そのとき小指はちゃんとアンテナ役をして、ぶっつけないようにしているのである。

要するにここで言いたいことは、細くて小さいことはだめなのではなく、それは小指の大切な特徴なのであって、小指はその細さと小ささとで、人間全体を生かしているということなのである。小指がいちばんだめな指ということはない。

たとえば工具のピンセットとペンチである。ピンセットはペンチよりも細くて弱いのであるが、ピンセットでなければ時計の修理はできない。ペンチではだめである。ピンセットにはピンセットでなければできない役割があり、ペンチにはペンチの役割があるのであって、どちらが上とか下とかということはないのだ。平等なのである。

平等とは、何もかも同じにすることだと、思い違いしている人があるが、すべてのものが、役割も、形も、大きさも、千差万別のこの世の中で、前記のような見方を平等な見方と言うのである。

他の指についても同じことが言える。親指から小指まで五本とも、それぞれが違った性格と能力を持っているからこそ、互いに協力し合って手が素晴らしいはたらきを示すことができるのである。それでいて五本の指は平等なのである。どの指がよい指とかだめな指ということはない。これが仏教の平等についての見方なのである。すなわち「差別即平等」である。

〈2〉大木と下草は平等

『法華経』の薬草喩品第五の中では、このことを、大木と下草と雨の関係にたとえて説明してある。

この地上にはさまざまな草木が生えしげっている。しかしすべての草木に共通していることは、雨のうるおいを求めているということである。それで、大空に雲が広がって雨が降ってくれば、その雨（宇宙のハタラキ、法身の仏のハタラキ、つまり真理）は地上にくまなく降り注ぎ、あらゆる草木を平等にうるおしてくれるのである。小さい草も、中くらいの草も、大きな草も、小さい木も、大きな木も、みんなそのうるおいを受けて生き生きと生長してゆく。

このように雨は一様に降り注ぐのであるが、草木はその種類や大きさの違いによって受け取る雨の量は異なってくる。しかし受ける量が違っても、少ないと不平を言う小さな草も、たくさんで得をしたと思う大木もなく、それぞれがその大きさに応じて十分に与えられた雨により、それぞれの性質のままに生長し、それぞれの花を咲かせ、それぞれの実を結ぶという点においては、まったく平等なのである。それぞれ異なった木や草なのであるが、どれが上等で、どれが中等で、どれが下等ということはないのである。

そして、たとえば大木とその下草（苔のようなものを含めて）は、互いに助け合っているのである。大木は茂ったたくさんの葉で日陰を作って下草を保護し、下草は水分を保って大木を守っているのである。大木と下草のどちらが欠けても両方ともだめになってしまう。

私たち人間も、この草木のようなものなのである。現象世界は千差万別で必ず違いがあるのだが、誰にでもその根本には完全平等な仏性がそなわっているのである。つまり、人間は根本において完全平等だが、現象として現れた目に見える、姿や、性質や、能力には違いがあるというのが、仏教が説くところの「差別即平等」なのである。したがってこの真理が分かれば、自分が他の者より優れているという気持ちや、逆に、人よりも劣っているという気持ちや、それらが元で生じる、人をばかにする気持ち、うぬぼれ、ねたみ、やきもち、にくみ……というような世の中を悪くする心は消え失せてしまう。

そして、人間はそれぞれ姿は違っても、奥にあるものは「宇宙のハタラキ」「真理」と一体なのだということが、しっかりと分かってくるので、他人も自分も平等に尊いのだという気持ちになり、自分の生活や人に対する態度が好ましい方向へと変わってゆくのである。

九　如来神力品第二十一の「一つ」

以上、『法華経』関係での「一つ」についていくつかを述べてきたが、「一つ」という筋金を『法華経』に通すものとして、如来神力品第二十一の解説に如来の十大神力が挙げてある（庭野日敬『新釈法華三部経8』一六二～一六三頁）。どんなに「一つ」ということが仏教で大切にされているかを表すために、最小限の簡単な説明と共に以下にそれを並べて示し、本章のしめくくりとしたい。

二門信一《にもんしんいつ》＝『法華経』二十八品の前半十四品を迹門《しゃくもん》、後半十四門を本門と言う。迹門とは応身の仏としてこの世に現れられた釈尊の教えであり、本門とはこの宇宙の根源である法身の仏の真理であって、この二門は「一つ」であるという教え。

二門理一＝迹門は哲学的に、また本門は宗教的に、同じ真理を説かれたものであるということ。

二門教一＝すべての教えは「一つ」に帰するということ。

二門人一＝第五章で述べた「自他一体」を徹底させて、すべての人は一体ということ。

二門行一＝迹門の教えも結局は六波羅蜜であり、本門の教えを実行するのは菩薩行であって、この二つは同じということ。

未来機《みらいき》一《いつ》＝現在は教えを受ける能力（機根と言う）は、人によって非常な差があるが、将来には必ずすべてのものがひとしく悟りを得ることができるようになるという予言。

未来教一＝現在はいろいろな宗教がテンデンバラバラにあるが、未来には教えは一つになるという予言。

未来人一＝人間それぞれが違った個性を持ちながらも、皆が立派な人間になるという予言。

未来行一＝現在は人々の行いは善悪さまざまだが、未来には、すべての行いが仏のみ心にかなうようになるという予言。

未来理一＝未来には、一つの真理に則るように、人間が世界を作り上げるという予測。

第七章

空についての予備的考察

次章で述べる般若経は空を説く経典であるから、まずはじめに、空について述べるべきと思うが、たとえば『佛教学辞典』（法蔵館）で「空」を引くと、膨大な解説が出ており、ひと口に空と言っても、長い年月をかけた仏教の進展に応じて、また各宗派によって、解釈が微妙に異なっていることが分かる。それで本章では、筆者が空を理会する参考とした、筆者なりの考察を披瀝して、読者の参考に供したいと思う。

一　宇宙開闢と「空」

しばしば言われるように、「空」は虚無ではない。全宇宙に遍満していて、後述するように、これは宇宙のすべての存在を作り出した広義のエネルギーと言い換えてもよかろう。この広義のエネルギーのことを、以下ではサンスクリット語に従って「サンスカーラ」（形成力）と呼ぶことにする。（サンスカーラは仏教語では「行」と、また英語には“formation”とか“all creation”と訳されている。）

空は、とことん徹底して、人知の地平線を認識しておくと理会が容易になる。そこで自然というものの始まり、すなわち宇宙開闢《かいびゃく》について見ておくことにする。以下は宇宙開闢に関する近年の天文学のごくあらましである。

地球や月、金星や火星、太陽・星座の星々、オリオン星雲やアンドロメダ銀河あるいはパルサーやブラックホールなど、現在の宇宙にはスケールも特徴も千差万別のさまざまな天体が見られる。その天体の中には、太陽や地球（その年齢は約五十億年）などに比べて、ずっと老齢な天体もあれば、最近生まれたばかりの天体もある。しかしいずれも、宇宙の初めから存在していたわけではない。

そもそも、宇宙に始まりがあったという考えが出てきたのは、一九三〇年代になってからである。私たちの宇宙は、百三十七億年（プラスマイナス、前後二億年）以前にビッグバンによって爆発的に開闢し、それ以来膨張を続けて今日に至っていると考えられている。百億光年くらい遠い遠い銀河の観測（写真2）や、宇宙からの電波の観測（「宇宙の背景放射」という宇宙のどの方向からも一様にやって来るノイズ状の電波の観測）などによって、このビッグバン宇宙論と呼ばれる考えが確立したのである。これはまた、アインシュタインの一般相対論を宇宙に適用して理論的に導かれた考えでもあるので、今や架空の夢物語ではない。

宇宙が開闢した初期には、宇宙は小さくて超高温であり、天体はおろか原子も原子核も存在していなかったのである。それどころか、時間や空間さえもがなかったのである。

「ここ・そこ、後・先、という区別もなく、因果律も成立しない」のであった。ということは、「空間も時間もなかった」ということである。このことは、現在、時間と空間の世界の中に閉じ込められているわれわれには、極めて想像しにくいことだと思われるが、宇宙が生まれる前にはまったく何もなかったのである。ゆえに「ビッグバンは空間の一点で始まった」という表

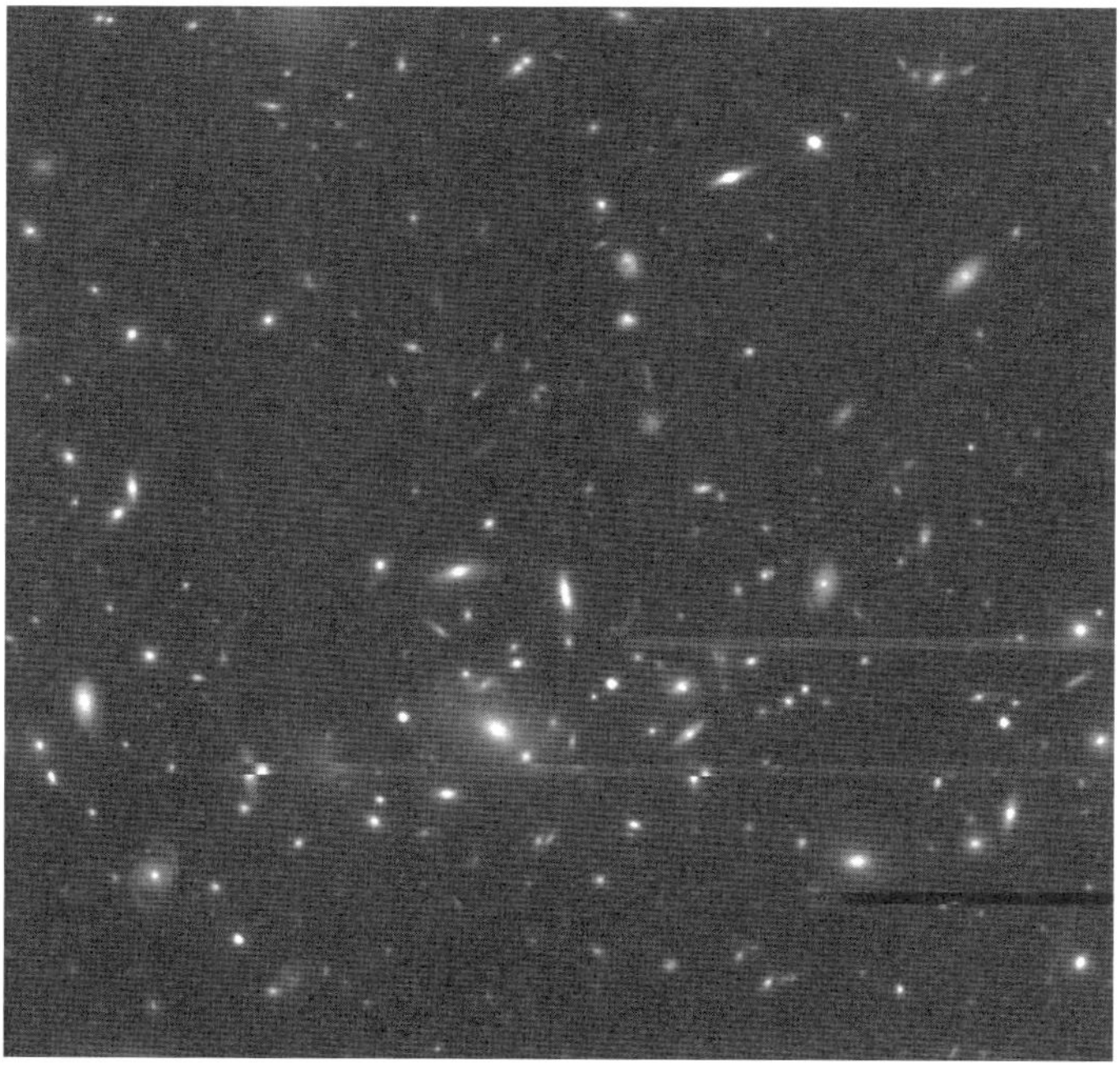

写真2　100億光年ほど遠くの銀河団
（NASA, ESA と A.Dressler 先生 (Carnegie Inst.) のご好意による）

現は適切ではない。この意味は重大である。

日常、「何もない」と言う場合には、物はないとしても、空間というものは存在していて、その存在する空間の中に何も存在しないということを意味している。しかしこの場合の「何も存在しない」の意味は、この日常の意味とは異なり、空間さえもが無いということである。時間についても同じで、これが「無」である。空間を科学的に表せば、普通、X・Y・Zの三軸で示される三次元の直交座標系ということになるが、空間さえも存在しないということは、そういう座標系というような概念を適用することができないという意味である。これが「無」の一側面であり「空」の特徴でもあると思う。

その何もないところから宇宙は生まれた。生まれたというべきか、エネルギーのようなものが変貌したと言うべきか、このあたりのことを表現するには言葉の限界に突き当たるが、ともかくすべての存在は、一つの例外もなく、同じところから生まれたわけである。これがビッグバンの大切な意義である。この意味で一切万物は同胞なのである。

そしてこの「空」のエネルギー的なハタラキが「サンスカーラ」(形成力)なのである。

私たちの周りに広がる美しい風景、そこに降り注ぐ太陽の光、夜空を飾る星々などを見るとき、この宇宙というものが、有限な過去のある瞬間に、無限に小さいところから爆発的に開闢したとはとても考えられない。だが、宇宙観測に裏付けられた現代の研究は、その、とても考えられぬことが、事実であると主張している。これがビッグバン宇宙というものである。すなわち宇宙は、およそ百三十七億年昔に爆発的に開闢し、膨張を開始した。その膨張は大爆発にも似た超高温度・超高密度状態から始まり、膨張の過程で、元素の一部が合成され、銀河が誕生し、銀河内で星や太陽系が形成されてきた、この宇宙とはそういう宇宙であるというのである。こうしてできてきた万物をサンスクリタと言う。仏教語的に表現すれば、それは「色」である。

そして今や、物理学においても、宇宙は物理法則を応用して見る対象という見方よりも、物理法則までをも作っているのが宇宙であるという認識が芽生えてきている。

その寿命が、長くても百年から百十年くらいのわれわれ人間の日常の感覚からすれば、一つの星の寿命は永久のように見えるが、宇宙的スケールからすればそれはたかだか一千万年から一億年で、存在は「できてはこわれ、できてはつぶれ」ているのである。これが万物流転の諸行無常のダイナミックな生きた姿である。

仏教では「諸行無常」は、すべての宗派に共通した基本理念の一つであり、空の一つの性質である。無常の教えは奥深く、論じ出せば際限なく展開できるものであるが、簡単にひと口に言ってしまえば、すべては休む間もなく変化する、ということである。蕾は開いて華となり、華はしぼんで朽ち果てる。人は生まれては死に、社会や国家は栄枯盛衰をくり返す。……無常と言えば、常に引き合いに出される例ではある。

言うまでもなく、誰にもそのことは分かる。だが、大地や岩石はどうか。金塊やダイヤモンドはどうか。それらはしばしば、不動盤石の変化せぬもののたとえとして挙げられるではないか。それらを眺めるとき、仏教の説く諸行無常の概念は、すべての存在に普遍的に妥当しないのではないかと、疑いたくなる向きもあろう。

だが、最近の地球物理学も、また前記のような天文学も、われわれが感覚的に不動と感じるものであっても、ダイナミックに変化し続けていることを裏付ける。たとえば、われわれの目と感覚には、常と映る岩石でさえも、数十万年という単位の時間スケールで眺めれば無常と映る。マグマから岩石ができ、その岩石がまたマグマにもどっているという。またさらに、時間スケールを前記のように百億年というオーダーにまで引き延ばせば、太陽も恒星も、銀河も銀河団も、宇宙全体が壮大な変化を続けていることになり、諸行無常を認めざるを得なくなる。

ついでながら、ここで「真空」について触れておきたい。今世紀初頭までは、真空とは単純に何もない空間と考えられていたが、現代の物理学によれば、真空状態とはエネルギーを裏《うち》に秘めたものと言ってよかろう。これは仏教で言う「空」に通じるところがある。

「空」は何もない状態ではあるが、決して虚無ではなく、このような莫大なエネルギーを充実させたものなのである。しかも前記では、物質的・エネルギー的な場面のみについて語ったが、これにさらに主体的・精神的な面を加味して考えると、それが「サンスカーラ」に相当する。すれば仏教の核心「空」は、少なくとも理論のうえでは、分かりやすいものになるであろう。

さらに不思議なのは、開闢以来百三十七億年、このようにしてビッグバンから生まれたわれわれ人間が、自分が生まれた宇宙を以上のように認識しているという事実である。「ミズカラ」によって生み出された人間が、「ミズカラ」を認識しているのである。じつはこのことは、一つには、唯物論と唯心論、ないしは、実在論と観念論の問題として、また二つには、全体あるいは全体者の把握という点から、仏教の核心に深く関わることなのである。

二 「無限」の性質

以下、多少へりくつっぽくはなるが、「無限」の性質についての論理的な考察を試みたい。これは、先述した「サンスカーラ」の重要な側面でもあり、また仏教の中心思想である、空・無・真如などの諸特性を理会する助けとなると思われるからである。仏教一般では、「空」ということがよく言われるが、それはたんに仏教において重要なばかりでなく、われわれ人間が全機し調和して生きてゆくうえにおいても、必須の姿勢である。そこで参考までに、鈴木大拙先生の言葉を挙げておきたい。

「もしわれわれが、この二元的に条件付けられている世界を最後のものと思い込み、そして個体が、それから起こり、それに還り、それによって存在して相互関係を保っているところの空という媒介理念を、まったく忘れたり、無視したりすると、そうするとわれわれは癒やすことのできぬほどに愚鈍な唯物論者かまたは夢想的唯心論者になるであろう。無明（物事の真相に関する無知）は、われわれが空への直観を持つ時にのみ消えるのである。」（鈴木大拙『一禅者の思索』講談社学術文庫、二六〜二七頁。括弧内の補足は引用者による。）

だがこの「空」は非常に難解であると同時に、また誤解も生じやすい。このことは「真如」ないし「無為法」、また禅で言う「無」、「主客未分《しゆきやくみぶん》」、「父母未生以前《みしよう》」、さらには西田哲学の「純粋経験」などについても同様である。はじめてこれらの言葉に接した時には、おそらく誰もがチンプンカンプンであったであろうと思われる。

以下の考察は、そういった難解な概念を理会するための一助となることを願ってのものである。しかし、もともとそれらは、三昧とか禅定などの実践を通してはじめて体得できるものであり、しかもそれらは、どれもが言葉の限界の外側に位置するものゆえ、以下の説明も当然誤解を受け得る可能性を有している。この点、読者の善意の解釈を期待するものである。

〈1〉この上なくシンプルなもの

第二章第一節「ゼロ・ビットの助け」で、左右、上下、白黒を例にして述べた無分別の方向（図4で言うと上向きの方向）で、一切合切のものに関してまとめてゆくと最後には0ビットの状態、すなわち2^0＝1、宇宙中には一つのものしかないことになってしまう。

くり返しになるが、理解を容易にするために、0ビットを電気を例に説明してみよう。電気機器というものは、電灯・電話・テレビ・コンピュータ・洗濯機・アイロン・炊飯器・テープレコーダ（今では古いものになったが）……等々、多種多様で種類はじつに多い。つまりビット数が大きいわけだ。このうち、電灯・アイロン・炊飯器などは、その電気作用の本質に着目すれば同じ電熱作用の応用であるから、電熱としてまとめる。テレビやテープレコーダなどは電磁としてまとめるという抽象化をする。（抽象化とは、個々の具体的なものに共通な属性だけを取り上げて、そうでない部分は捨てるという一般化をすることである）。すると個々の電気機器の雑多性がなくなり、ビット数が減って、電熱作用・電磁作用・電気化学作用・放電作用……など、電気のいくつかの基本的なハタラキだけが残る。そこでさらに、それら基本的ないくつかのハタラキの根本を求めれば、そこにはただ一つの、電気というハタラキに行き着く。これが（この宇宙には電気だけしかないと仮定した場合の）サンスカーラである。電気は直接には見ることはできないが、ハタラキは厳として存在することは誰しも疑う余地はなかろう。

この、とことん行き着いた状態が、最もシンプルな状態である。これ以上にシンプルなものはない。

無分別の究極は「一つ」に到達する。ここでは個々の雑多性は完全に消え去り、一切に共通したものだけが残っている。この抽象の極みこそが、あらゆる存在に共通した最も普遍的な本性（共通性）と言ってよいであろう。

仏教で、空とか無とか、真如とか法身の仏と表現されているものは、この側面を有している。サンスカーラについても同様である。

以下、この一つしかないものの性質について考察してゆくのではあるが、それに先だって、断っておくべきことがある。

本当を言えば、ここから先は語ることはできないものである。究極の「一つ」のものに到達したからには、そこにはそれ以外のものは何もない。もちろん観察者もない。観察者はこの「一つ」なるものの中に埋没し、消え去ってしまっている。主観と客観、見る者と見られるものの区別など考えようもない。したがって、言葉もない世界なのである。ほかに余物がないのだから、名前さえも付けることはできない。名付けが可能なのは、相手がある場合、つまり他と区別できる場合だからである。

これを本来の意味で「言語道断」という。言語道断とは、今日では、もっての外という意味だが、もともと仏教では、このように究極というものは言葉では言い表せない、語る道が断たれているという意味なのである。ゆえに話はここで終わりとなってしまう。

しかし、この「一つ」のものについては、あらゆる対立概念はあり得ないのであるから、語り得る／語り得ない、という対立もなくなっているはずである。だから、語り得ると言い切るのも間違いであるし、語り得ないと断言することもできないということになる。この意味での言語道断を承知のうえで、語ることとしたい。

〈2〉究極の「一つ」のものは「全体」である

この究極の「一つ」のものとはどんなものなのであろうか。

図12は、数学の集合論でいう「集合」とか、論理学の「概念」の説明でしばしば使われる図である。

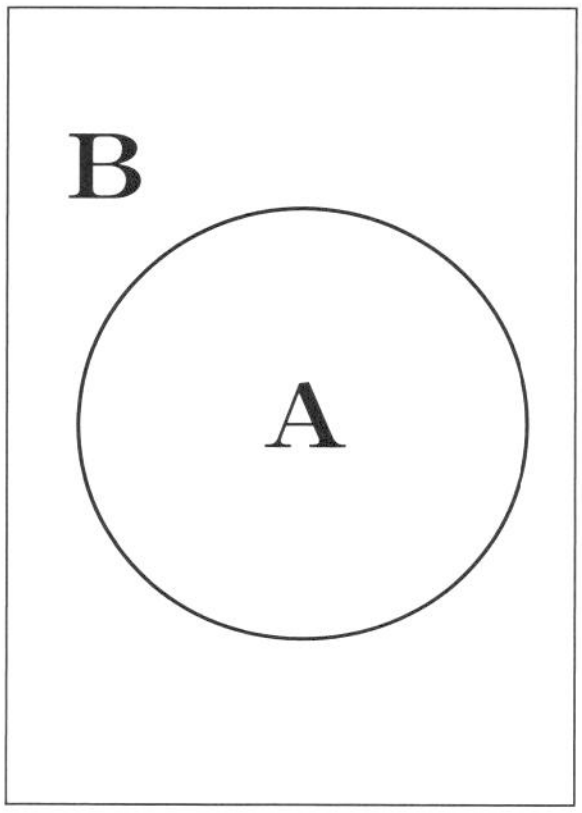

図12　AはAであってBではない

この図が意味するところは、AはAであってBではない、BはBであってAではない、という（形式）論理であることは、説明を要しないだろう（念のため、図中の円はAとBとの境目である）。

この図は1ビット（つまりAとBの二つ）を表している。この図でBだけを消し去れば、境目の円はなくなってしまう。仮に残っていたとしたならば、A以外のものが存在することになって、Bが消えたことにはならない。

だから、Aしか存在しないということは、Aは全体だということになる。（Aが部分である

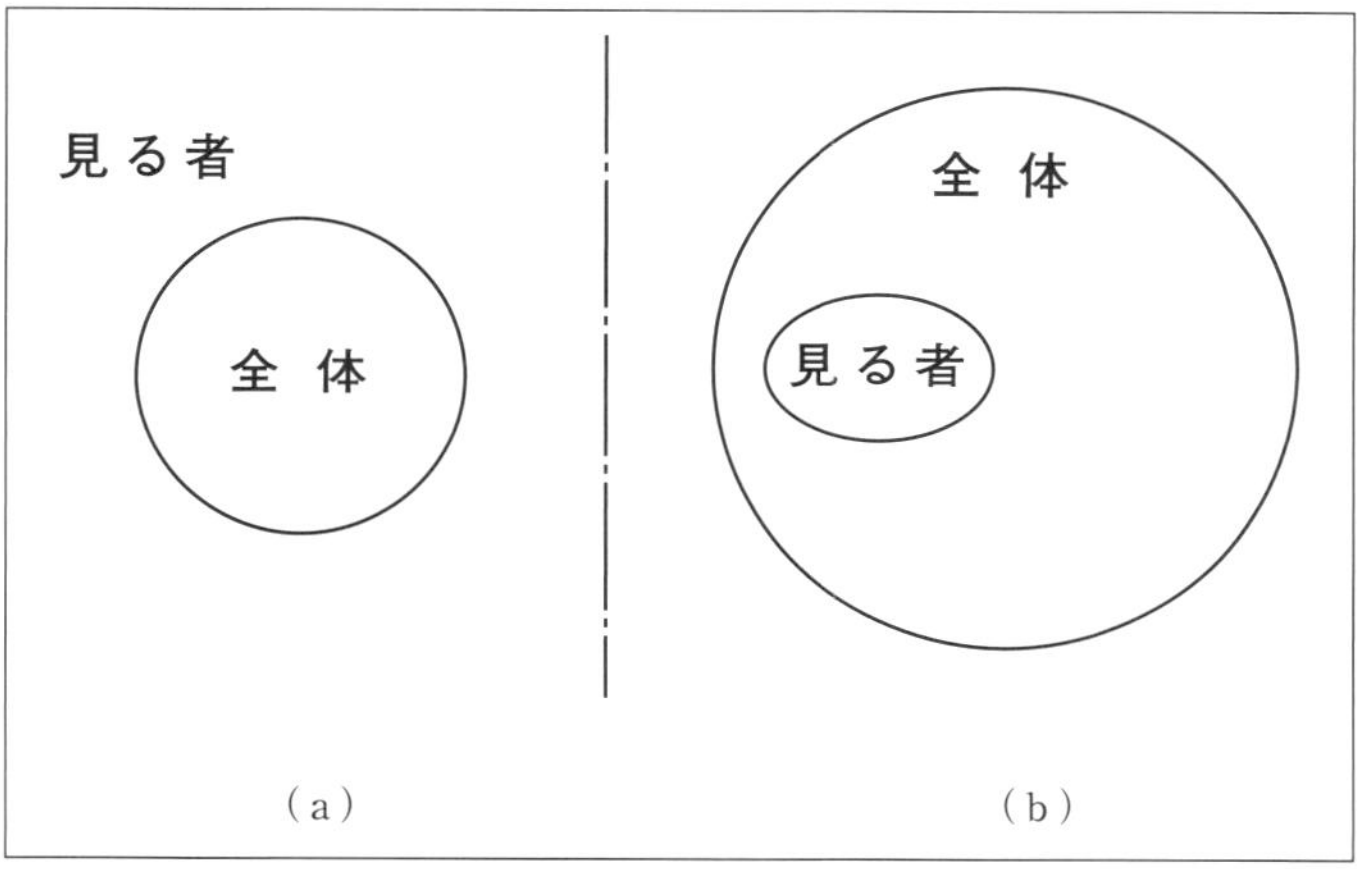

図13　このような場合の全体は、本当の全体ではない

ということは、A以外のものが存在するということである。）

そのもの一つしかないという場合、その「一つ」のものは「全体」なのである。

注意すべき重要な点は、ここで問題にしている「全体」なるものは図13のような様子ではないということである。同図(a)では、見る者、つまり観測者が外に出てしまっている。これでは「一つ」ではない。同図(b)では、見る者が全体の中に包含されてはいるものの、実質的には、見る者が自分以外の「全体」を対象としているという意味において、図(a)と同質である。

重要な点は、ここで見る者が（精神的な意味において）、第四章第三節2項「個三昧の精神状態（八〇頁）」で述べたように、消え去ることである。

要するに、とことん行き着いた先は、主観・

客観という二元さえをも超えた、ただ一つの「全体」ということである。

〈3〉全体というものは「無境界」である

次に、この一つの「全体」というものの当然の帰結として、無境界ということが挙げられる。たとえば、仮に宇宙に果てがあったとした場合、その果ての外側は宇宙ではないことになってしまって、宇宙の全体性がくずれてしまう。してみれば、この全体なるものは、どこまで行っても果てはなく無境界であり、それゆえに無限である。すなわち空間的に果てしなく広がり、時間的にも永遠の過去から未来へとつながっているわけである。（先述のように、本当は空間も時間もないのであるが、理解を容易にするために、あえてこのような表現をとった。）

〈4〉全体というものは「非存在」である

先に「Aしか存在しない」という表現をとったが、考えてみれば、その表現は適切とは言いがたい。

およそ「存在する」とは図12とか、図13(a)のような場合ではなかろうか。すなわち全体の中の一部分であってこそ、「Aがある」「Aが存在する」（場合によっては「Bが存在する」）ということが成立するわけである。

たとえば虚空（大空）を想定してみれば、そこには果て（境目）というものはない。どこまで行っても大空でしかない。こういった場合、普通の意味では虚空は存在するとは言わない。仮にそこに雲があるとすれば、その雲こそが存在なのである。

だからAのみしかない場合、「Aが存在する」ということはおかしなことである。だが、それならば、Aはないのかと言えば、われわれはAというものを了解することができるのであるから、ないとも言えない。だからA、すなわち全体というものは、有でも無でもない、有無を超えたものと言うべきであろう。ゆえに、次のように表現される。

全体というものは「非存在」（あるいは超存在）である。

なおここでは、「非」は英語の not の意味ではなく、超という意味に使った。したがって前記の「非存在」は存在でないということではなく、超存在という意味である。（「非」のこの用法は、本書の「二元性一原論」の特徴である。）

〈5〉全体というものは「一様で静寂」である

この全体性から、一様性あるいは一味性——たとえば、濃淡がないとか、部分的に色彩がついているということはない——が演繹《えんえき》（理論的に導き出すことが）できる。もしも濃淡がある

図14　究極のものなる全体

のならば、そこには広義の境界があることになるからである。

同様の理由で、動きというものもまったくない。動きがあるとすれば時間的な一様性が破れてしまう。空間的にも時間的にも一様なのである。

ゆえに、全体というものは価値的な表現をすれば、絶対平等である。これを、滑稽と誤解を恐れずに、象徴的に示せば、前記の図14となる。

図14で表したところのものは、別の言葉を使えば「空」である。また無分別である。くり返すが、「空」は根元の根元のそのまた根元、これ以上は遡ることができないところまで行き着いた根元（0ビット）として、一つであっていたるところに遍満している、とされている。

すなわちこのことは、上述のところからして、「空」は全体であり、無限であり、非存在であるということになる。

一様で何もないのが全体なのである。

〈6〉実体はなくハタラキはある

ところで、一般に、存在には体《たい》・相《そう》・用《ゆう》の三面が揃っている。たとえば杖を例に取れば、

体＝本体、実質――――木

相＝すがた、外見――――細長い棒
用＝ハタラキ――――歩くとき身体を支える

となる。これにしたがえば、「空には体も相もないが、用がある」と言うことができる。それは、上述のように、無は究極の0ビットであって無限であるから、非存在なわけである。体を持つものは部分という有限なものであって全体ではない。これが空を存在として立てるわけにはいかない、すなわち「体がない」理由の一つなのである。

この体がないという点は重要である。体がないのであるから、空は、厳密に言えば主語にはなりえず、しかし用はあるのであるから、動詞としてのみハタラくことになる。空は見えないけれどもハタラキがある。これが空の絶表現性（表現を絶しているという性質）である。

（空には体はなくて、用だけある。しかし空を主語として立てなければ、文章による記述が不可能になってしまうので、このことを承知で、本書では空を主語として用いる場合もある。）

〈7〉全体というものは把握できない

仮に、もしも把握できたとすれば、それは部分と言う他はない。

およそ把握と言うからには、把握するものと、把握されるものとの二つが存在することになる。二つ存在するのであれば、全体ではなく部分になってしまう。把握するものが全体の外側に在るのでは、前掲の図12の状態であって、究極とは言いがたい。
また当然の帰結として、全体というものは、比較・対立を絶している、と言える。比べるもの、対立するものはないのである。比較や対立は迷いの根源であるが、全体というものを知れば、そこから脱出することができる。

〈8〉全体というものは対象にはなり得ない

空は把握できないと同様の理由で、全体というものは見たり調べたりする対象にはならない。図13に関して論じたとおり、見たり調べたりする主体（すなわち自分）も全体の中身だからである。もしも仮に、全体というものを対象（相手）になし得たとすれば、自分（観測者）と相手との二つがあることになり、相手は全体ではなくなってしまう。
意識的には、自分が没し去って、全体と一体化するのである。これが三昧と言われる状態である。

〈9〉全体というものは絶対である

一様性と全体性は、同時に絶対性でもある。相対《あいたい》するものがないからである。もしも一様性や全体性を欠くとすれば、そこには相対するものが存在することになり、それは相対的存在に下がってしまう。

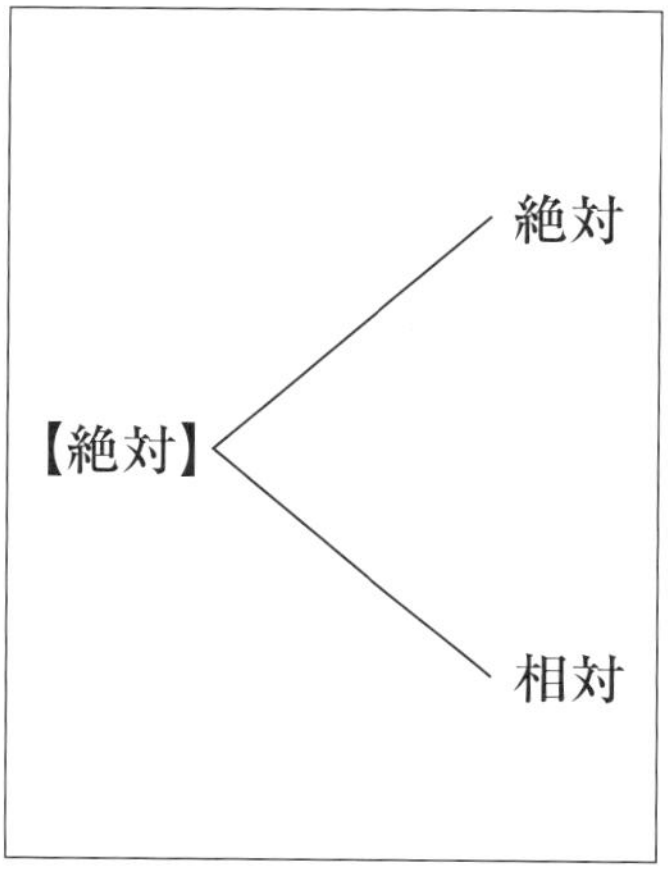

図 15　二元性一原論としての【絶対】

本当の絶対というものは、相対の対概念と考えてはならない。もしも絶対というものを対概念の一方として把握するとすれば、その絶対はすでに相対ということになる。ゆえに本当の絶対というのは、相対をも含む全体でなければならない。すなわち、ここでも二元性一原論の出番となって、この、括弧付きの絶対でなければ、本当の絶対ではない。括弧なしの絶対は相対的絶対とでも、また【絶対】は絶対的絶対とでも言うべきであろう。

全体というものは【絶対】であり、【絶対】なものは全体である。ゆえに、実相として、空という絶対面と、色《しき》という相対面が「一つ」にまとまっているのである。

このような絶対的絶対については、「金剛不壊《こんごうふえ》」という形容詞が使われることもある。ダイヤモンドのように、堅固で壊れないという形容である。

人間の生き方として、絶対的なものに拠り所を置くに際しては、この【絶対】、すなわち絶対的絶対に依るべきと考える。

この【全体】というものを「真如」と観れば仏教的になる。『大乗起信論』では、開き直って真如の絶表現性を打ち出して言葉を離れた真如「離言《りごん》真如」と、また一歩引き下がって言葉で表現した真如を「依《え》言《ごん》真如」とされている。

〈10〉絶対なものは清浄である

最後に、空の内容は感性に訴えることになると思われる。

一様で、静寂で、果てのない、あらゆる相対を絶した全体なるものは、清浄である。いかなるものよりも限りなく清澄で美しい。

なぜか。それは何もないからである。清い汚いの相対を超えているからである。美しい色が付いているからではない。無色透明だから清浄、と言うより他に言いようはない。

どんなに清らかなものであっても、存在するということ、そのことが清らかさの次元を下げる。空の清浄性は絶対である。何ものにも汚されないのである。

『大般涅槃経』の如来性品第四の二には、「譬へば虚空の如し、解脱も亦爾《またしか》なり。彼の虚空とは眞の解脱に喩《たと》ふ。眞の解脱は即ち是如来なり」と、また「解脱とは、名けて無邊《むへん》と曰《い》ふ。……譬へば虚空の邊際《へんざい》有ること無きが如し。解脱も亦爾なり。邊際有ること無し。是の如きの解脱は即ち是如来なり」とある。さらに『大乗起信論』では、これが唯心論的に「自性清浄心」と表現されている。

また、有名な『般若心経』についての解説本は多きに上るが、至道無難禅師の、実践からほとばしり出た玄妙で要を得た寸説は感銘的である。たとえば、色不異空空不異色＝身と虚空と一つなり。

色即是空空即是色＝いよいよ落ち着き何もなき形なり。たしかに知るべし。形の悪消える時形なし。色を思い宝を望むとき必ず形あり。これにてわきまえ知るべし。

不生不滅＝虚空に何も生ぜず滅せぬなり。

不垢不浄＝虚空にきたなきことも、きれいなることもなし。

不増不減＝虚空に増すことも減ることもなし。

無色無受想行識＝虚空と一つになれば何もなきなり。

無無明亦無無明盡＝無明もなし、また無明の尽きてなきということもなし。元来なきと言うことなきと思うこともなかれ。


（公田連太郎編著『至道無難禅師集』四一頁「即心記」より一部抜粋）

また龍樹著『大智度論』初品第三の総説如是我聞には、「虚空は害を受けず」とある。これも感銘的な言葉ではないか。

三　サンスカーラのハタラキ

前節では「サンスカーラ」の体について考察した。本節ではこの「サンスカーラ」の用《ゆう》、すなわちハタラキについて見ておきたい。これも、前節と合わせて、空・無・真如といった仏教の中心概念や、般若経に見られる「色即空・空即色」の深遠な思想を理会される一助となることを願ってのことである。

〈1〉すべてを生み出し制御している活動性

何もないところからビッグバンが発生して、この全宇宙のすべてができてきたことは、本章第一節に略記した。それは一例にすぎなかったが、この無から有が発生するところが、まさに「サンスカーラ」のハタラキである。「サンスカーラ」はハタラキを現す能力そのもの――エネルギー――である。

そしてこのハタラキ――それは縁起と制御を本質とする――によって生み出されたものが、森羅万象の万物である。これをサンスクリット語では「サンスクリタ」と言う。「サンスカーラ」という形成力によって生み出されたものが「サンスクリタ」なのである。

ただし仏教ではサンスクリタを諸法と言うが、それには物質的な存在ばかりではなく、喜・怒・哀・楽・愛・憎しみ、などの精神的なものをも含めている。これは、物理学とは異なる仏教の注目すべき点である。それら諸法は、倶舎論では七十五分類、唯識論では百分類され、倶舎論では法（物質）が前提で心を考えているが、唯識論では心を前提にして法（物質）を考察している。

なお、諸法というようにサンスクリタに対して「法」という言葉を用いているのは、すべての事物に、それらを貫いている絶対の真理・法則というものを仏教では観るからである。

サンスカーラは、体《たい》の角度から眺めた場合には（と言っても非存在であるが）、前記したとおり絶対静であるが、用、つまりハタラキの面から観れば、極めて活動的である。それは森羅万象を生み出し、その千差万別なすべてを動かし制御しているからである。

ビッグバン直後に発生した基本的な四つの力、すなわち重力・強い力・弱い力・電磁力もサンスカーラの現れである。陽子・電子・中性子や原子、およびそれらの間の物理的、化学的諸反応も然りである。電磁波・光・X線も例外ではない。

一切の銀河や、それを構成している無数の星々も、太陽も地球も、その現れとしてのサンスクリタである。その地球上の無数の存在や諸現象、われわれが目にしたり触れたりしている山川草木・風月花鳥のすべても、そうである。

ここで、人工物はそうではないのではないか、という疑問を抱かれる向きもあろう。つまり、ロボット・電子機器・インターネット・自動車・建築・橋梁などの人工物や、はたまた、政府・会社・委員会……などといった、人工の組織といったものはサンスカーラの産物ではなく、人間の産物のように思われよう。しかし、人工物といえども、第一に、そこに使われている鉄やプラスチックというような材料は、たとえそれが人間が合成したものであったとしても、原子のレベルで見れば明らかに自然物であり、サンスクリタである。また第二には、人間自身がサンスカーラという力の産物であるがゆえに、人工物も、間接的ではあるが、やはりサンスカーラが生み出したサンスクリタと観られる。

してみれば、サンスクリタは無限に豊富な内容を持つことになる。サンスクリタを詳述することは宇宙のすべて、地球のすべて、生物のすべて、人間の肉体と心のすべてを記述することに等しく、言うまでもなくそれは不可能なことである。

そこで以下では、サンスクリタの根本的な要点についてだけ、簡単に述べることにする。

〈2〉縁起

前記でサンスカーラのハタラキは縁起と制御を本質とすると述べたが、この縁起は仏教の中心をなす考えゆえ、ここで最小限の説明をしておく。

縁起は心のはたらきも含めて、すべての物事は、因（直接原因）のほかに、非常にたくさんの縁（間接原因）の力を借りて起こる（生じる）という考えである。そしてその生じた物事は、さらに他の物事が生じる縁となってゆくのである。すなわち縁は、無限につながったものである。（ただし今日、縁起という言葉は、良いこと悪いことのまえぶれとして、縁起が悪いとか、縁起をかつぐとかという言い方で使われているが、仏教でいう縁起はそのようなものではない。また神社やお寺の歴史という意味もあるが、これも転用されたもので、ここで言う縁起とは違う。）

たとえばわれわれは、身体に障害がなくても、自分一人の力で立つことはできない。この自分の力の中身を考えてみても、まずは立ち上がろうという気持ちが先にあり、それに応じて、足はもちろん、腰・背中・首の筋肉や骨までが巧妙に協調して、はじめて立つことができることに気付く。また、自分で立っていると思っても、じつは大地の支えや重力があるからであって、何をするにしてもただ一つの原因とか、自分だけの力（因）によるのではなく、たくさんの他の力など（縁）によって、可能になっているのである。

仏道を歩んでいる人は、しばしば「させて頂く」という言い方をするが、それは、何事も自分の力だけではできないこと、つまり縁の力を知っているからである。

縁起の考え方の優れたところは、すべての原因（＝因と縁）に着目しているという点にある。ふつう考えられている原因と結果の関係は、直接の原因である「因」と、結果である「果」だけに目が行っていて、間接の原因である「縁」が抜け落ちてしまっている。たとえば種から芽が出る場合を見ても、因である種と果である芽とを、ただ一本の線のように直線的につなげて理解しているだけだから、それでは芽が生じるための、種以外の多くの原因（縁）を見落としてしまっていることになる。

しかし仏教の縁起の考え方では、芽が出たとすると、その芽がどれだけいろいろな原因（縁）によって生じたかをさぐって見極めるのである。もちろん種はその重要な原因だが、雨が降って適当に種が湿ることも縁である。季節が来て気温が上がることも縁である。土があることも縁である。空気があることも縁である。太陽の光も縁である。……つまり、たんに芽を吹くというだけのことでも、非常にたくさんの間接原因としての縁があることが分かる。このように見てこそ、本当の姿を知ることができるわけである。

縁に気付かないで、因（種）と果（芽）だけに着目しているふつうの見方では、因と果の間を糸で結んだように直線で考えているが、縁を知れば、すべての物事はすべての物事に無限に関係していることが分かるので、その有様は直線でなく面あるいは立体としての無限に広がった網にたとえられる。網の糸の結び目がそれぞれの物事で、糸が関係、すなわち縁を示すのである（二一九頁の図27参照）。

ゆえに、極端と思われるかもしれないが、われわれ一人一人のちょっとした行いも、木の葉が散ったという自然の中の小さな現象も、空間的には世界の果てにまで、いや宇宙の果てにまで関係し、時間的には永遠の未来にまで影響し、また逆に大陸の彼方の誰かの行動も、一万年過去の猿の運動も、今の私たち一人一人に影響を残していると観とおすことができるのである。

縁の網はこのように無限に広くつながっていて、どこで終わるということはない。しかも「諸行無常」で、すべては常に変化しているのであるから、宇宙全体すなわち網ぜんぶは、ダイナミックに壮大な動きをしているのである。

このような観点を通して、世界中のそれぞれ独立した姿を見せている物事は、互いに関連し合っていることが分かる。この有様を「諸法無我」と言う。

サンスカーラが物事を作り出してゆく場合、この縁起の関係性に依っているのである。しかも今日の常識では、存在が先にあって、関係は後でそれら存在の間に生じると思われているが、仏教の縁起では、むしろ関係（縁）が先にあって、その関係によって物事が生じた（起こった）と観るのである。これがすなわち縁起である。

〈3〉縁起と空

前記のように縁は、時間的にも空間的にもどこまで遡ってもつながっておりその始源はつかめない（ビッグバンまで遡ってしまう）。空はいろんな角度からの説明が可能だが、この場合で言うならば、このように世界のどこまでもつながった在り方を「空」と言うのである。永遠であり無限であるから把捉できないのである。

自己もそうであるが、一つの存在は時間的にも空間的にも無限の他の存在との縁があって成立しているわけで、他なしに自分だけで独立しているのではない。一切は孤立して存在し得るものはないのである。無限のダイナミックな縁の連鎖の中において、自己は無限小になって消えるのである。消えると言うといかにも心細く感じられるかもしれないが、何度もくり返し述べてきたように、正反対のものが「一つ」になって、このことは同時に自己が宇宙全体に広がることでもある。この意味で本当の自己とは宇宙のことなのである。仏教ではこのことを、「無我」と言っている。また「自性すなわち無性」とも表現されている。

自己は縁起によるがゆえに空なのである。自己だけでなく一切の存在は空なのである。念のためだがすでに述べてきたように、無我とか空と言っても、虚無なのではない。仮《け》としては存在しているのである。仮は、幻のようなもの、影のようなもの、残像のようなもの、響きのようなもの、夢のようなものと、たとえられている。

重要な点は、自分は縁起によって生まれたのであるから、自分は摑むことができないということである。したがって、このことが理会できれば、自分に執着することは起こらないことになる。

私たちが自己に執着するのは、自分という「変わらないもの」があると思うからである。この考えている変わらないものが自我である。心中に自我を認めるから、自己に対する執着が起こるし、外部に同様に固定的なものを認めるから「我がもの」を立て、それらに執着することになる。そしてこの執着から「苦」が生じる。

苦は、縁起を正しく理会し、行動することによって、解消して、涅槃の楽に転じることができるのである。煩悩を休息させ得るのである。そのためには、無常なる存在を無常であると正しく知って、それに執着しないことが大切である。すれば固定的な自己に対する執着がなくなって、自己と世界とが一つになった「広い立場」に、生かされつつ生きることが可能になるはずである。仏教では、この「執着を持たないこと」を「空に住する」と表現している。

〈4〉「サンスカーラ」と「サンスクリタ」は「一つ」

前記のように記述してくると、いかにも、生み出したサンスカーラが親で、生まれたサンスクリタが子であるというように、つまりサンスカーラとサンスクリタとは別体のもののように受け取られるかもしれない。しかし、そのように解釈すべきではなく、サンスカーラとサンスクリタは、同じ一つのものの二面と見た方が適切である。さらに言うならば不一不二である。

これは、エネルギーと物質の関係に酷似している。一面から観れば、肉眼には映らないエネルギーであるが、別の一面からすれば、それはこの物質世界の森羅万象であるというのと同じことである。あるいは「粒子は波動でもある」という。これらのことは今日では物理学の常識であるが、「一つ」のものが、物質という次元と、それとはまったく異なったエネルギーという次元の二面を具備しているということである。

ここに、サンスカーラとサンスクリタの関係が的確に記述された、仏教古典の中の名文を示して参考に供したい。弘法大師、空海の『十住心論』(略称)からのものである。

「……誠に知りぬ、一は百千の母為《た》り、空は即ち仮有《けう》の根《もとい》なり。仮有は有に非ざれども、有々として森羅たり。絶空は空に非ざれども、空空として不住なり。色は空に異ならざれば、諸法を建《たて》て宛然《おんねん》として（さながら）空なり。空は色に異ならざれば、諸相を泯《ほろぼ》して宛然として有なり。是の故に色即ち是れ空なり、空即ち是れ色なり。諸法亦爾なり、何物か然《しか》らざらむ。水波の不離に似たり、金荘（荘厳）の不異に同じ。不一不二の号立《な》ち、……」（空海『秘密曼茶羅十住心論』巻七「覚心不生住心第七」より。括弧内は引用者による補足。空海『日本思想大系5』二二三頁）

〈5〉宇宙の基調は「変化」と「関係」と「制御」

サンスカーラのハタラキを一言でまとめれば「活・作・制御」である。宇宙全体に遍満したサンスカーラは、活きて、動いて、ハタラキを現し、前記の縁起にしたがって物事を作り出し、法則性をそなえ、そこに制御を作用させて、大きく調和させつつ宇宙を動かしているのである。

その活動は、時間的に眺めれば「流動変化」であり、空間的に観れば「相互関係」である。変化と相互関係とが渾然一体となって、大きな意味での整然とした秩序ある活動をしている。

無限一様のところに一様でない部分が多数生じ、それが有限な多様な存在となり、その存在は関係し合い、変化し、融合し、分裂し、消滅し、また発生し……というふうに動いている。そしてその動きには整然とした摂理が見られる。すなわち、その奥には法則性と制御性とを観ることができるのである。これが、事物を仏教では「法」と呼ぶゆえんである。すなわちサンスカーラは力であるが、混沌の力ではなく、法則性をそなえた力である。そのためにこの力で作られたサンスクリタは森羅万象の美しい秩序ある世界として現れているのである。

このようにこの宇宙は、「変化」と「関係」とを基調に組み立てられているが、仏教ではその本性を「空性」と観ている。

サンスクリタ、すなわち、われわれが目の前に見る万物・万象は、常に変化し、また揺れ動く多くの相互関係、すなわち縁がしからしめることによって、そこに現れているもので、その縁が一つでも変われば滅してゆくというものゆえに、サンスクリタの本性を、実体がないという意味で、仏教では「仮《け》」と呼んでいるのである。そして仮の本性が空性なのである。

この「仮」とは仮《かり》に有るということで、無いのでもなく、かといって実体が有るというものでもないという意味を含んでいる。「仮」は時間的には変化して止まない「無常」で、空間的には自性（独立し孤立している実体）のない「無我」なのである。つまり存在は固定的・静止的なものではない。このような在り方を「仮有《けう》」と言う。

別の表現をすれば、心中の存在にしても、心外の存在にしても、サンスクリタの個物はすべて認識の対象として把握される在り方をしている。しかもそれらは、名称によって示される。この「名称によって示されるもの」を「仮」あるいは「仮名《けみょう》」と言うのである。

認識されるものは、本来は名前（概念）のないものである。名前は人間が付けたものだからである。しかも、そのものには絶対的・固定的な名は存在しない。たとえば、一本の木であっても、生えているときには幹と言われ、同じその幹でもそれが建築に使われれば、使われた場所に応じて、柱・敷居……など、その場その場の相互関係において種々の異なる名を得るわけである。これが仮有の証拠である。

すなわち、あらゆる現象や存在の本性は「空」であるということである。「仮」は仏教独特の極めて味わい深い、苦心の作の言葉である。沈思すれば、仏教がよくぞ選び出した言葉であると感嘆させられる。

以上述べたところから、われわれがふつう現実と思っている、夢から覚めたこの世を夢と考えるのが、仏教の立場なのであると言うことができる。

〈6〉大生命と生死

ところで感性的な話になるが、常にハタラき活動して止まない宇宙的なサンスカーラの力に、生命の根源を感じ取って「広義の生命力」と呼ぶこともできるように筆者には思われる。言うまでもなくこの場合の生命とは、動植物が生きているという狭義の生命をも含めて、石の破片にも存在する広義の生命のことである。もしも、すべての変化が止まったら、それは永遠の死を意味する。

禅に「父母未生以前」という言葉がある。われわれ人間も直接的には親から生まれたわけであるが、今ここに存在し生きているということは、究極の奥にこの力があってのことと言える。これがまさに父母未生以前である。

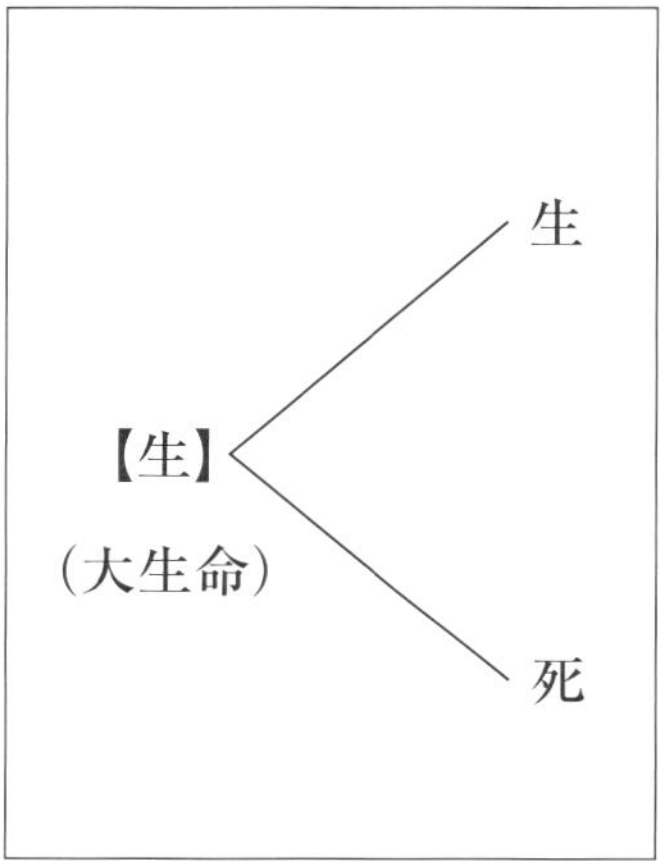

図16　宇宙的大生命

思うに、生きているものは流動をもって本質とする。血液が流れるからこそ生きて（狭義）いられる。たとえ血液が必要量体内に存在しても、心臓が止まって流れなければ死ぬ。不景気とは金がないことではなく、金が流動しない現象である。金が流れれば社会は生き生きとする。心の面を取り上げてみても、心は意識の流れであって、絶えず変化している。このように生命と流動とは同義と言ってよいであろう。

あるいはこのことは、ハタラキがあるものは生命を持っていると言い換えてもよかろう。この直観によって「サンスカーラの生命性」が立言できると思う。絶対静の「サンスカーラ」は死んでいるのではない。いうなれば超生命とでも名付けられる生命を持っているのである。宇宙的大生命とでも言ってよかろう。

前記、「サンスカーラ」と「サンスクリタ」の一体性で述べたところから、われわれ一人一人にもこの超生命的生命が宿っている。ここから、死んでも生きている、「生き通し」ということが立言できる。図16のように、生と死のあることが【生】（大生命）なのである。

この自己に宿った生き通しの大生命を自覚することは、重要である。生きた宇宙と自己との一体性である。サンスカーラの力によって生まれ、成長し、老い、いずれは同じこの力によって死んでゆく。生死があるということが、「サンスカーラ」すなわち「広義の生命力」そのものとして生きているということになるのである。

また同時に、サンスカーラの万物を創出した創造性がわれわれ個人の中にもあることを認識して、常に積極的に創造的な生き方を心がけるのが、自然に則した生き方であると言うことができる。

さらに、すべての存在は同じサンスカーラから分かれ生まれた同胞である、という意識を持つことも必須だと考えられる。

〈7〉上位システムの誕生

縁起の性格の一つとして、縁起して生じた存在には、それが生じる前の存在にはなかった性質が現れるという特長が見られる。

たとえば、周知のように酸素と水素とが化合すれば水になるが、水には酸素にも水素にもない性質がそなわっている。このことを一般化すると、表1になる。

素粒子が集まって原子になり、原子が結合して分子になり、分子が重合して高分子になり、高分子が構造的に結合して遺伝子のような生体高分子ができ、さらにそれらが高次構造を形成

	［システム］	［例］	［機能の例］	
システム高次	社　　会	人間社会 昆虫社会	共済，集団行動， 統率，制裁，公私	↑
	↑（結合）			
	多細胞生物	ヒト，昆虫， 魚，鳥，草木	闘争，愛，宗教， 認識，知能，食事， 有性生殖	いわゆる生命現象
↑	↑（結合）			
	単細胞生物	アメーバ，バクテリア， 粘菌，ゾウリムシ	生死，移動，代謝	
↑	↑（結合）			
	生体高分子	酵素，蛋白， 核酸（DNA, RNA）	自己増殖	↓
↑	↑（結合）			
	高　分　子	ポリメタアクリル酸 粘弾性流体	メカノケミカル現象 粘性のずり速度依存	
↑	↑（結合）			
	分　　子	H_2，H_2O， CO_2，Fe_2O_3		
	↑（結合）			
	原　　子	H，C，N， Fe，Cu，P		
	↑（結合）			
システム低次	素　粒　子	陽子，電子， 中性子，中間子		

表1　存在は結合して、より高次のシステムを形成し、それ以下のレベルのシステムにはなかった、まったく新しい機能を発揮する

して結合し単細胞生物が生まれ、さらにヒトが発生し社会もできた。

この表において、下の低次システムから上の高次システムに至るすべての段階で、上のレベルの存在には下のそれにはなかった機能が出現している。要するに、果は諸縁の合一であって、縁の中にはまったく見当たらなかった性質が果に現れるのである。これは縁起の大きな意味と言える。

とくに興味深い点は、高分子レベルには見られなかった、いわゆる（狭義の）生命現象というものが、それよりも上のレベルに現れていることである。この生命現象の出現は、サンスカーラのまことに不思議なハタラキと言わざるを得ない。

第八章

般若経での「一つ」

一　般若と識について

第一章で、「般若」という智慧は、ふつうのタイプの知恵である「識」とは質が異なると、一言述べたが、平川彰先生は「般若と識の相違」と題する論文を発表されている。これは非常に貴重で珍しい論文なので、一部分ではあるが、それを参考にしながら解説を進めることにする。

まず、般若は悟りの智慧であって、言葉によらない理会で無分別であるのに対し、識は言葉（概念）による理解で分別心であるという。ゆえに般若を説明するとすれば、言葉によらない理会を言葉で説明するのだから、当然、それは識の範囲での概念化された般若を示すにすぎないという限界と矛盾に突き当たる。まずこのことをお断りしておく。

われわれは日常、ほとんど識の世界にいる。つまり言葉と分別理解とはほとんど一体化していて、言葉によらない理会と言っても、なんのことだかよく分からないのが普通であろう。しかし言葉による理解を、頭の中だけでの理解と、また言葉によらない理会を、体を通しての理会というふうに言い換えれば、いくらか分かりやすいのではなかろうか。

先に第四章第三節（七九頁）で、戒・定・慧という三学について触れたが、この三学の中の慧が般若と呼ばれるものである。すなわち、第一に戒律を厳しく守って心を倫理的に鍛錬する戒、その鍛錬された精神的基盤の上に禅定を修行して禅定力を養成する定、その禅定力の支持のもとに般若の智慧が出て仏法を観じて悟りを得る、という順序になっているのである。これが仏教的な般若で、いわば狭義の般若である。しかし平川先生の論文によれば広義の般若――般若に類する智慧――というものもある、と言う。以下にその例を挙げよう。

この原稿を執筆中は、ちょうど二〇一二年夏のロンドンオリンピックの最中であった。各種競技で奮闘する世界屈指の選手たちの、体の動かし振りをテレビで見ると、一つの例外もなく、すべて体で覚えた動きであった。（もちろん補助手段として、ビデオによる運動の反省的観察やその学理的解析は、活用されてきたとしても、それらは頭の中だけでの理解である。）

澤庵禅師の『不動智神妙録』には剣道の極意が示されているが、それによると、

「向ふより打つ太刀を見るに、見る事は見れども、それに心をとどめず、向ふの打つ太刀の拍子に合せて、打つとも思はず、思案分別にも渉《わた》らず、ふり上る太刀を見るやいなや、心も卒度もとどめずして、そのままつけ入て、向ふの太刀に取りつかば我方へおっとって、還《かえ》って向ふを切る刀となるべく候。」（『鈴木大拙全集』第七巻、二二五頁）

と説かれている。ここに見られる「心をとどめず」というのは識の分別心を起こさないということである。そして「向ふの打つ太刀の拍子に合せて、打つとも思はず、思案分別にも渉らず」とある点は、識という分別心を起こさず、すなわち「無心」で、「ふり上る太刀を見るやいなや、心も卒度もとどめずして」は、相手が太刀を振り上げるのを見るやいなや、間髪を入れず、何

も考えないで、向こうの打つ太刀の拍子に合わせて、自然に自分の手足や体が動いて、そのまつけ入って、向こうの太刀に取り付いて、主導権を取って、還って向こうを切る刀となると説かれているわけである。

ただしここで「無心で」とあるのは、「識の立場」から見るから無心なのであって、般若の立場から言えば、至極活発に活動しているのである。熟睡中の無心とはまったく違う。そうでなければ、相手の剣を押さえて相手を切ることはできないであろう。この目にも止まらない身心の活動は、練習で鍛えた般若の智慧によるものである。

筆者は同様のことを、オリンピックのサッカー試合を見ていても感じた。識の分別心でボールを蹴っていたならば、間髪を入れない決定的なシュートは出せないであろう。まさに体が覚えた広義の般若の活動である。

二　摩訶は「一つ」(大・小の大ではない)

般若と言えば『般若心経』(玄奘訳)が想起されるほどに、それは流布している。その流布している『般若心経』の経題は略さずには『摩訶般若波羅蜜多心経』である。これは二百六十字ほどの短いお経である。(宗派によってはこの上に「佛説」が付けられているし、逆に大正新脩大蔵経では、摩訶は付いておらず『般若波羅蜜多心経』とだけになっている。)

またこれとは別に、それよりも数百倍長い、鳩摩羅什訳の『摩訶般若波羅蜜経』（略称、『大品般若経』）という般若経典もある。（なお玄奘訳のものは波羅蜜多となっているが、鳩摩羅什訳のものには波羅蜜となって、多の字が付いていない。しかし意味は両者とも同じである。）

それでこの「摩訶」であるが、その意味は「大」ということである。しかし、『鼈頭《ごうとう》注心経』という『般若心経』の漢文による解説書（鼈頭とはスッポンの頭の意）には、この大は、われわれが日常思っているような小に対する大、すなわち相対的な大小の大ではなく、絶対的な大だとある。ゆえにこの絶対的な大とは小も含むことになる。これを図示すれば、一般化した二元性一原論の図3（四一頁）にしたがって図17のようになる。

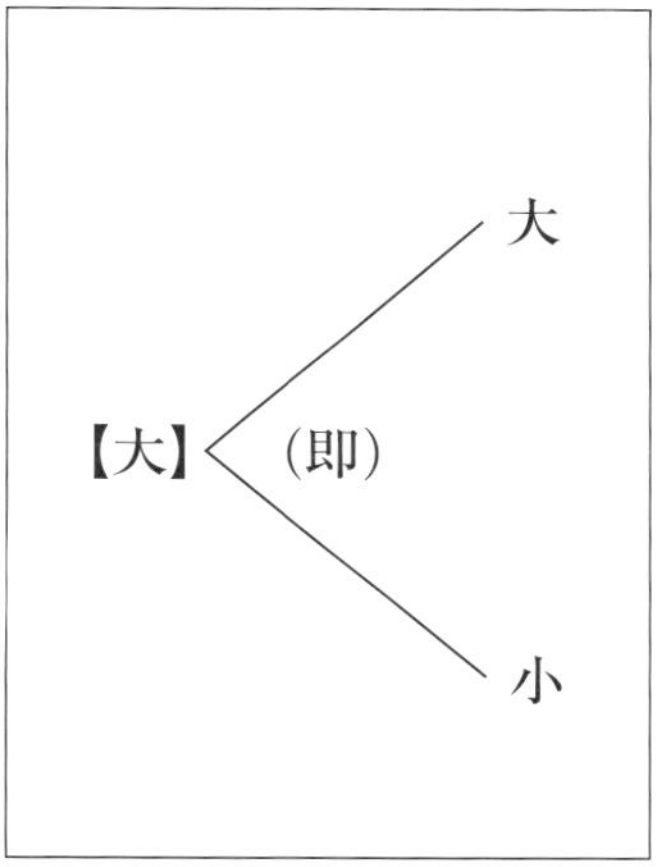

図17　絶対的な大

すなわち、この【大】こそが絶対的な大を表しているのである。般若とか『般若心経』の内容は、このように比較を絶したものだという解釈であろう。経典に出てくる「摩訶」とか「大」には、このような意味を持った大が少なくない。『大乗起信論』の大も、同様であるという（平川彰『大乗起信論』一四頁）。すなわち、仏教を小乗と大乗に分けた場合の大乗ではなく、そういう対立を乗り越えた、小乗も含めたすべての仏教という意味である。

三 空と色は「一つ」、実相――色即是空 空即是色

自己をも含めて、われわれが五感で感じ取ることができる森羅万象はじつに多種多様な大きさと姿と動きをしており、さまざまな現象を展開している。仏教で言う「色」とはこのことであり、それを総称して現象界と言ってもよいであろう。またこれは五感で把握しているすべてであるから、「肯定面」と言うことができる。

しかし仏教ではその奥というか根源に、第七章第二節で述べたように、一様で空寂な、そして大：小、生：滅、増：減、動：不動、進：退、美：醜などという相対的なことをすべて超越した何ものか――もちろん物事でも存在でもなく、むしろ特性とか性質とでも言うべきか、言葉の限界に突き当たるが――を認め、それを「空」と呼んでいる。

そして現象界のすべての物事には、この空の性質、すなわち空性がそなわっているのである。そこでこの空性を持ち出すと、すべては無として否定し尽くされるので、これは「否定面」と言うことができる。

こういうことであるから、色と空は正反対ではあるが、一つの物事の両面を形成していることになる。まさに不一不二である。ゆえに二元性一原論で、図18が成立する。

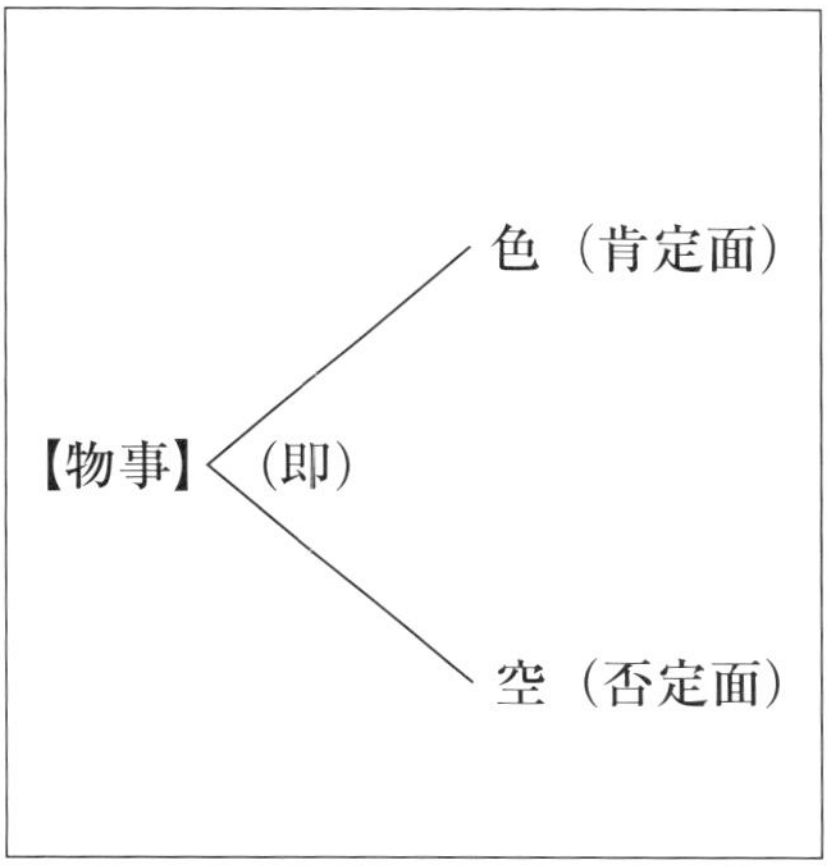

図 18　色即是空　空即是色

また、この色と空の二面があることが、存在のありのままの本当の姿であるという意味で、仏教では「実相」と言われている。物事に空性がそなわっていることを知らないのでは、このうちの色の一面しか知らないわけで、それでは物事の真実の姿を知っていることにはならないし、逆に、すべては空ということにとらわれて、色は無であると思い込むのも、これまた空の一面しか分かっていないことになる。色も仮としてはあるのである。（仮については第七章第三節で説明してある）。それで空へのとらわれを防ぐ意味と察せられるが、『大品般若経』には「空空」として、空も空であると説明されている。

四　空は仏

般若経は徹底して空と般若波羅蜜を説いているので、

菩薩摩訶薩行般若波羅蜜時。應如是思惟。菩薩但有名字佛亦但有字。
般若波羅蜜亦但有字。

（菩薩が般若波羅蜜を行ずる時は、まさにこのように思うべし。菩薩とはただ、名と字があるのみ、仏もまた、ただ字あるのみ。般若波羅蜜もまた、ただ字あるのみ。）

という表現が見られる（『摩訶般若波羅蜜経』巻第一、習應品第三。『大正新脩大蔵経』第八巻、二二一頁下段）。

これは本章第一節「般若と識について」で述べたように、仏や般若などは本来般若で理会すべきものだから、どんなに説明しても、言葉や文字による表現は結局は識の範囲を出ないので、菩薩や仏や般若波羅蜜という文字表現さえをも否定して、本当の般若を表そうとしているのだと筆者には思われる。

そしてさらに、

空即是佛（空はすなわちこれ仏）

とある（同、四二一頁下段）。空は仏なのである。

五　『金剛経』の「即非の論理」

〈1〉即非の論理

般若経典の一つに『金剛般若波羅蜜経』（鳩摩羅什訳。略称『金剛経』）というお経がある。これは空という文字を一字も使わないで、空を説いたお経である。

このお経の中にくり返しくり返し、二十回以上現れるパターンに、

◯◯即非《そくひ》◯◯　是名《ぜみょう》◯◯

というのがある。鈴木大拙先生はこれを「即非の論理」と呼ばれたと聞く。

たとえば、

三千大千世界　即非　世界　是名　世界

という件がある。直訳すれば、「三千大千世界とは即ち世界に非ず、これを世界と名付ける、と仏は説かれた」となる。つまり現代風に言えば「AはAに非ず、これをAと名付ける」となるから、言うまでもなく、これではまったく矛盾していて、なんのことやらチンプンカンプン

になってしまうであろう。

そこで、このパターンを理解するには、
①「非」を否定の not と考えずに「透脱」と解釈する。
②「本当の」と「いわゆる」を追加する。
の二項目を用いるとよい。すると、

「本当の◯◯とは、即ちいわゆる◯◯を透脱したものである。これこそ本当の◯◯である。」

となり、事柄が分かるようになると筆者は考えている。

これを「三千大千世界　即非　世界　是名　世界」に適用すれば、「本当の三千大千世界とは、いわゆる世界を透脱したものである。これこそ本当の世界である」となる。これをかみ砕けば、次のようなことになる。

三千大千世界とは古代インド人の世界観による全世界のことであるが、その全世界とは普通には世界という堅固な実体があると思われているようだが、見方を変えてミクロの観点に立てば分子の膨大な集合体で、それは諸行無常の摂理にしたがって休むことなく動き変化しているから実体はないのである。その集合に仮に付けられた名前が世界というもので、考えてみれば世界とは符号にすぎない。ゆえに即非世界と言えるのである。そしてこれが本当の世界と言うものなのである。これで意味が通じると思われる。

〈2〉紛失即非紛失

ここで、仏典を離れて、日常の例として紛失を即非の論理に当てはめてみよう。すると、

紛失　即非紛失　是名紛失

となる。これを解釈すれば、しばしばわれわれは、なくした、とか、なくなっちゃった、とか言って悔やんでいるが、物質不滅の法則どおり、その物が本当に消えてなくなったということはない。ただ自分にその物のありかが分からないだけなのである。つまり、なくなったのはその物のありかという情報だけで、その物は地球上に必ずあるはずである。これが紛失ということの本質である、と考えれば納得がゆこう。

すべてをこのように考えてゆくのである。

〈3〉忍辱波羅蜜即非忍辱波羅蜜

忍辱とは今日の言葉で言えば忍耐である。そして忍辱波羅蜜は、第四章第四節2項で述べたように、六波羅蜜の第三番目に位置する波羅蜜である。これに関し『金剛経』には、

忍辱波羅蜜　即非　忍辱波羅蜜　是名　忍辱波羅蜜

と説かれている。

これは、このように考えれば分かりやすい。すなわち忍耐とは、悪口を言われたり自分を害するようなことをされれば、われわれ凡夫は腹を立てる。そして、それを行った相手に向かって怒り返すとか怒鳴り返すという態度に出るのが普通である。だがこれでは忍耐ではない。少なくとも忍耐と言うからには、怒り返してはいけない。凡夫にとっては易しいことではないが、まず「成らぬ堪忍するが堪忍」と心得て、我慢することである。堪忍袋の緒を切ってはいけない。これはある程度修練すれば可能である。(我慢のコツについては、拙著『親子のための仏教入門』に詳説してある)。しかし、顔色など、表面は怒っていないように見えても、腹の中は煮えくり返っているのがふつうであろう。

だが菩薩の行としての忍耐はその程度ではだめである。どんな悪口、どんな害を被っても、腹も立てないで平気の平左でいること。さらには仏法に則っているのだという歓喜法悦に満ちている忍耐が要求される。すなわち、自分というものがあるから、腹立ちが起こるのだが、空の理に照らせば、自分も空で無なのだから、腹立ちや忍耐をする主体が消えてしまうから、腹立ちも怒りも忍耐もないわけである。この点が納得できれば、本当の忍耐となるのである。

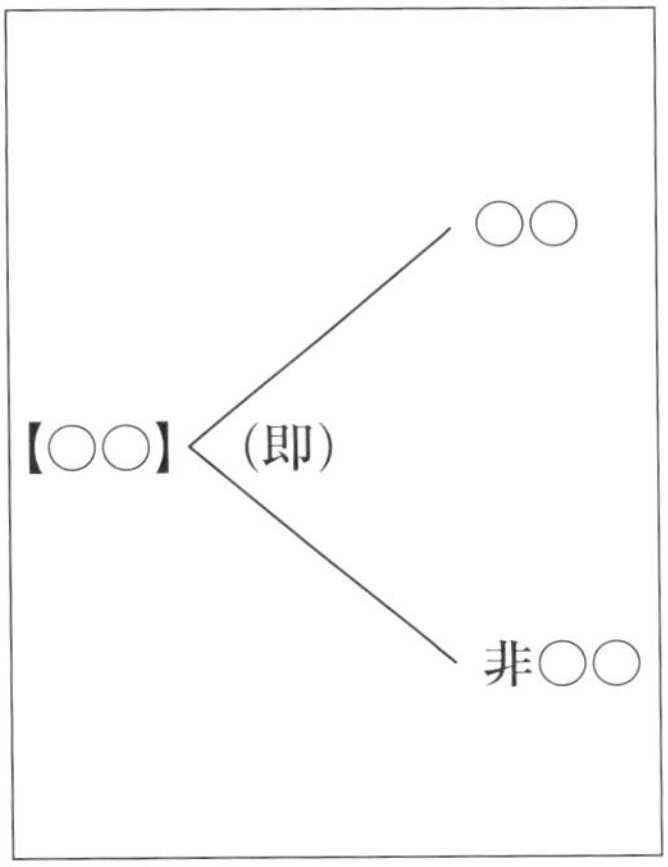

図19　即非の論理の二元性一原論的図示

第六章第二節「命をねらう者との「一つ」」で述べたように、釈尊の命までも奪おうとした提婆達多を善知識（導いてくれる人）と呼ばれた釈尊の姿勢を学ぶべきである。これこそが本当の忍耐というものである。

以上、般若波羅蜜と、紛失と、忍辱波羅蜜の三例を挙げたが、これらの例から『金剛経』の「即非の論理」の応用の仕方は分かって頂けたのではないかと思う。

〈4〉即非の論理の二元性一原論的図示

ここで即非の論理を、一般化した二元性一原論の図3（四一頁）に当てはめてみよう。すると図19になる。この図で【○○】が是名○○である。○○即　非○○　是名【○○】と読めば分かりやすいであろう。

六 「そうであって、そうでないもの」になれ

前記「即非の論理」から導き出せる大事なことは、「常にそれ自身を透脱しているのが理想」ということである。これは先にも述べたように、「非」を否定ではなく、「透脱」と解釈することによって分かる。

たとえば、人間は、「人間でありながら人間でないもの」になるのが理想である。ここで「人間でないもの」とは「仏」のことと考えればよい。仏は、いわゆる人間を透脱している。すなわち、生きながら悟って仏になれば理想ではないか。これが「人間でありながら人間でないもの」になるということである。

また別の例として、理想の勉強とは、「勉強でありながら勉強でないもの」ということも言える。勉強を透脱した勉強こそが人生の理想である。つまり、机に向かって本を読みノートを取るというような勉強は、まだ初歩の勉強であって、学びが進めば日常の行住坐臥すべてが勉強になる。そのつもりになれば、どのようなものからでも何かを学ぶことができるからである。一切合切がすべて学びになると——ふつうにはそれを勉強とは言わないが——、それは、勉強を透脱した勉強だから、勉強でありながら勉強でないものと言うことができる。

理想の健康とは「健康でありながら、健康でないこと」という表現も成り立つ。たとえば、われわれは、胃は消化器系統が健康なときは存在感もなく、なんともないものである。しかし

食べ過ぎとか飲み過ぎをすると、グッと胃がここにあるという存在感が生じてくる。思わず胃に手が行くではないか。このように胃について言えば、健康でありながら健康でないとは、胃がここにあるともなんとも感じないことである。だから健康という気もしない、すなわち健康ということを忘れているのが理想の健康状態ということになる。

「自己」についても同様ではなかろうか。道元禅師の『正法眼蔵』の金言「自己を習うというは自己を忘るるなり」（「現成公案」巻）もこの例外ではない。自分自分と自我意識が強い状態は、精神的に健康な状態ではないのである。自分というものを忘れて、なんでもない状態が仏教が推奨する「無我」で、精神的な健康状態と言ってよかろう。

第九章

種々の「一つ」

一　大乗起信論における「一つ」

大乗仏教の中心思想を理論と実践の両面から手際よく要約し、仏教各宗の思想や教義に大きな影響を与えた、『大乗起信論』という論書がある。これは、仏と凡夫を即として一つと観る立場から、見事な論が展開され、いくつもの二元性一原論によって構成されているので、その中から、三つを取り上げて示そう。

この『大乗起信論』は唯心論の立場をとっているので、すべての存在は心において存在することになるのである。すなわち、ふつうには唯物論的に、物が有るから見えると思われているが、心が認識しなければ、無いと同じであって、この考え方の先に、唯心論が成立し、その唯心論では、心だけが真の存在だと考えるのである。どちらかと言えば仏教の考え方はこれであって、一切の物事は心の現れだから、その本体である心を大切にする。

そこで『大乗起信論』では、「一心《いっしん》」という観念を持ち出し、それを（心的）宇宙の全体としている。これは全体者であるから相対的な比較を絶している。そしてそれは、すべての存在を包含し、無限に豊富な性質をそなえているのである。この一心のありのままの真実の相《すがた》を「心真如」と呼んでいる。心のありのままの相《すがた》を理解する手段が心真如門である。門とは入口のことで、この門から入ると、真如は本体はあるが、その相は説明することはできないことが示され、心を時間を超えた永遠の相で観察すれば、心の善悪・生滅・変化などは一切消えてしまって、平等の実在だけが得られることになる。

この一味の実在が真如である。

これに対して心生滅門が説かれている。これは心の相を問題にする。心の本性が清浄であり、不変であるにもかかわらず、どうして善悪に変化するのかが大問題となるが、ここでは紙面の関係でそのことには細かく立ち入れないので、熏習《くんじゅう》という概念を使ってそれを説明してあることだけを述べておく。無明が真如に熏習し、真如が無明に熏習する。なお熏習とは、強い香りが衣服などに染み付くように、その雰囲気に浸っていると知らぬ間に心や肉体が影響を受けることを言う。すばらしい仏教用語である。

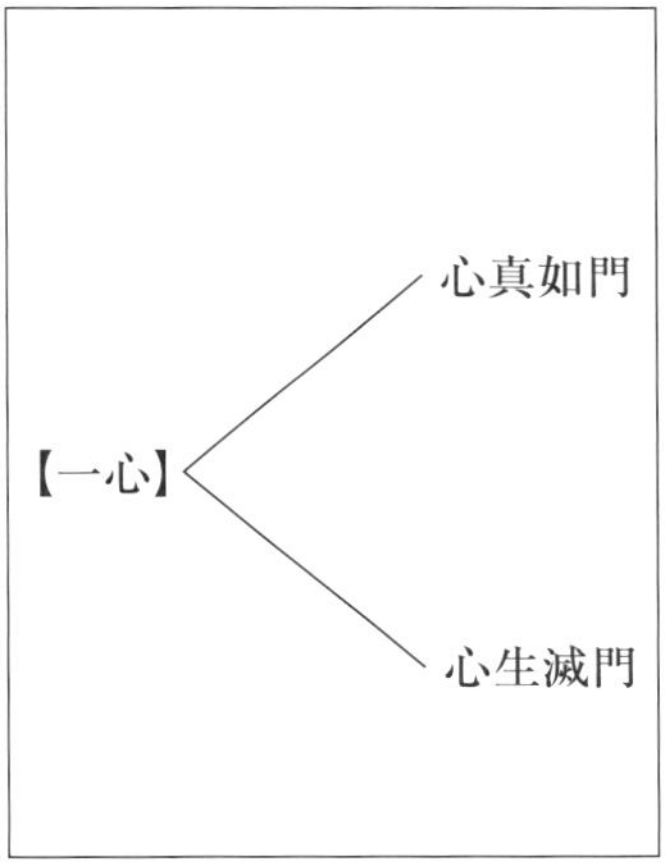

図20　心真如門と心生滅門

さてそこで、図20が成立する。

次は、離言真如《りごんしんにょ》と依言真如《えごんしんにょ》である。

この真如は、第七章や第八章で般若や空、無限、究極などに関してくり返し述べたと同様に、正確には言葉では表現できないのである。真如という言葉は真如の事実を示さない。言葉は物事を限定するものだから、真如という無限・全体なものは言葉から離れてしまうのである。それで、言葉を離れた真如という意味で「離言真如」と呼ばれている。

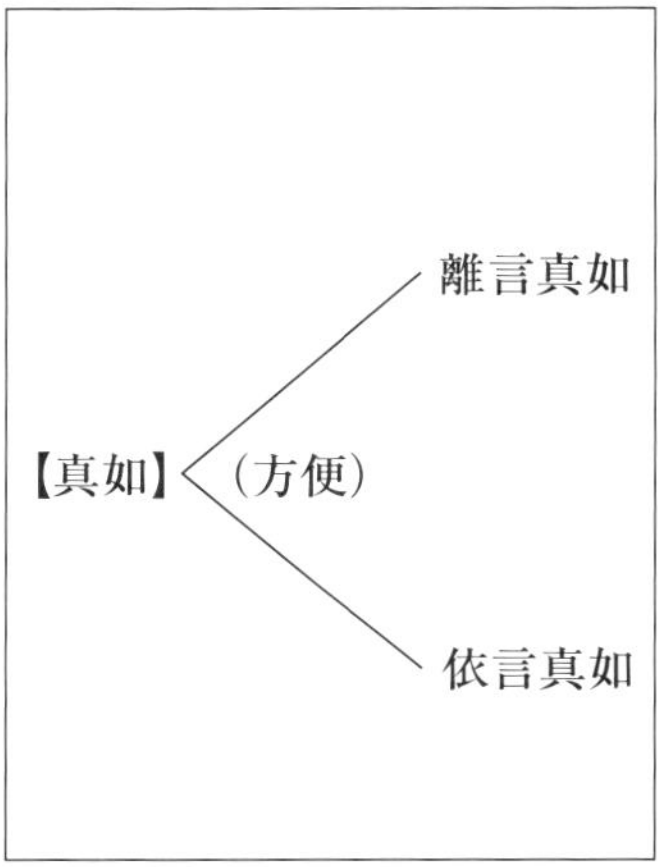

図 21　離言真如と依言真如

しかしそれでは真如を相手に伝えることはできないので、言葉による説明は無理で不十分だとは知りつつ、言葉に依って説明される。これを「依言真如」という。このことは、言葉の極まるところ、言葉によって言葉を捨てるという意味を持っているのである。それは、騒がしいときに「静かにせよ！」と言葉を吐くのは、その分騒がしさを加えることになるのだが、それを言わなければ騒がしさは止まないのと同じようなものである。

さてそこで、図21が成立する。ついでながら、曽我量深先生の言葉だが、

言葉のない（不要な）のが仏の世界――→離言真如の世界に相当
言葉の必要なのが人間の世界――→依言真如の世界に相当
言葉が通じないのが地獄の世界――→無明の世界

ということである。味わうべきである。

さらに、起信論では「阿梨耶識《ありやしき》」という心の根底を立てている。これは唯識論で言う「阿頼《あら》耶識《やしき》」と文字や発音は似ているが、内容は異なり、前者は真妄和合識であり後者は妄識である。起信論のこの部分を読み下すと、

「心生滅とは、如来蔵《にょらいぞう》に依るが故に生滅心有り。いわゆる不生不滅と生滅と和合して、一にも非ず、異にも非ず。名づけて阿梨耶識となすなり。」

とある。ここにある如来蔵とは、煩悩に覆われながらも、煩悩に染まらず清浄な心性(自性《じしょう》清浄心《しょうじょうしん》という)を言うのである。この煩悩を離脱すれば如来蔵とは言わず、如来(法身)と言う。これを図示すれば図22となる。二元性一原論である。

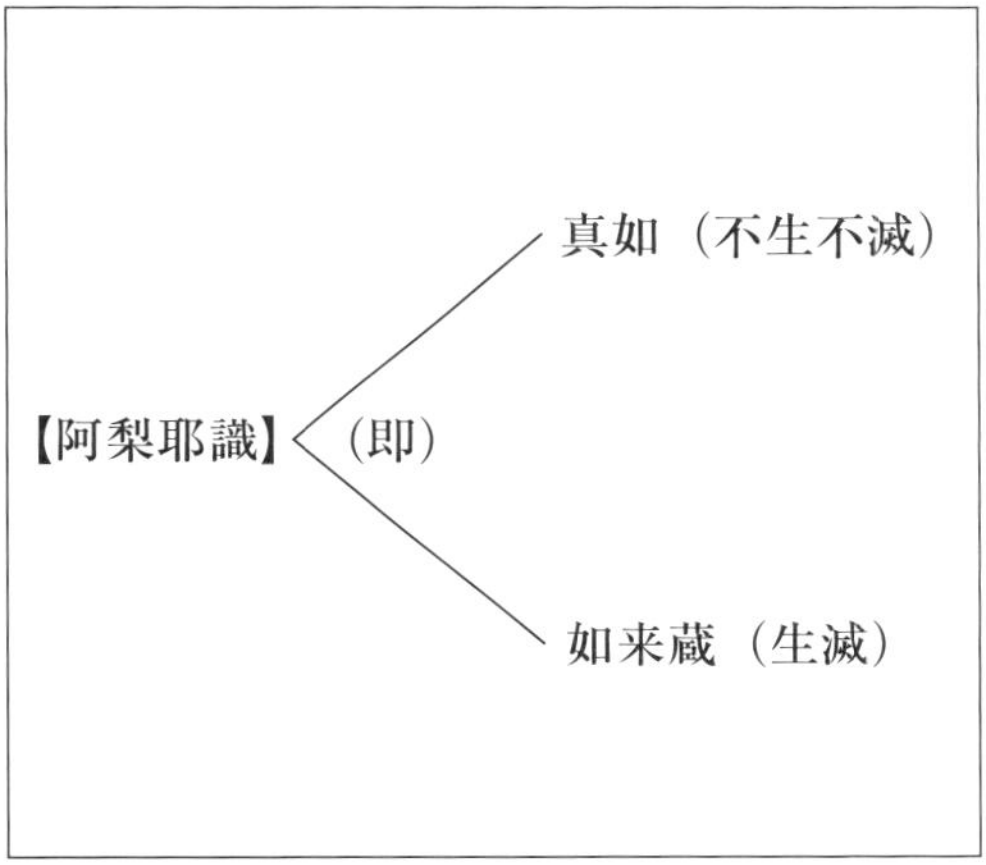

図22　阿梨耶識

二　因と果は「一つ」

第四章の終わりで述べたことだが、日本臨済宗中興の祖と言われる江戸時代の禅僧、白隠禅師が作られた『坐禅和讃』（坐禅をたたえた歌）がある。非常によくまとめられていて、今日新しく改訂しようとしても、手が付けられないほどの的確で充実した内容であるという。

その中に次のような一行がある。

因果一如の門ひらけ　無二無三の道直《なお》し

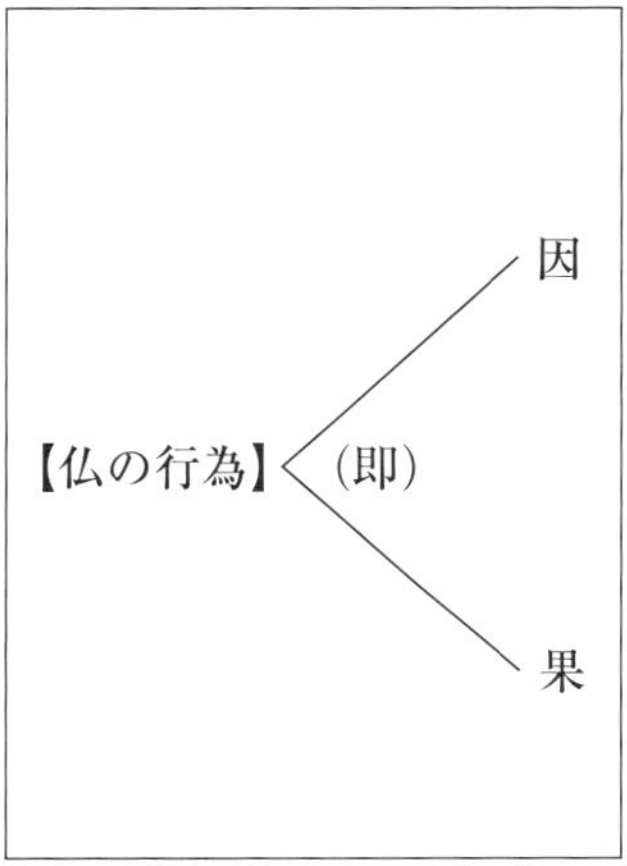

図 23　因果一如

この「因果一如」であるが、この和讃どおり、まじめに坐禅を続ければ分かることであるが、一般にはこれがなかなか難解のようである。因（原因）と果（結果）が一つというのだから、それは当然と言えば当然である。

それは、こう考えれば分かりやすくなるのではなかろうか。悩みを払って悟りを得ようと、自ら発意して修行に励む。これが因である。そしてその修行の結果、悟ることができたとしよう。これが果である。

問題点は、この「自ら発意して修行に励む」である。よくよく考えてみれば、自分が発意したように自分では思っているが、それは仏が自分をして発意するよう仕向けて下さったのである。つまり発意の大本は仏だったのである。つまり仏が仏になるよう計らわれ、仕向けて下さったのだ。この点に気付きさえすれば、因が仏で、果も仏だから、因果一如はたちどころに腑に落ちる。それを図示すれば図23となる。

三　仏性に関する「一つ」

衆生が本来持っている仏となる可能性が「仏性」であるが、これは別名、前述した「如来蔵」とも「宝蔵」とも言われている。

「一切衆生悉有仏性」の言葉どおり、誰にでも仏性があり、また衆生の語を広義に解釈すれば、動植物にももちろん、石ころにいたるまでのすべてに仏性があるのである。

仏性の核心は、自性清浄心という最高に清らかな心で、これが如来とか宝と表現されているものであり、ふつうそれは表には出ず、中に隠されている。（これが表に出たら仏である）。だから如来蔵とか宝蔵のように、「蔵」という語が付いているのである。

筆者は本書の始めからここまで、例をいくつか挙げて、くどくどと「一つ」あるいは「二元

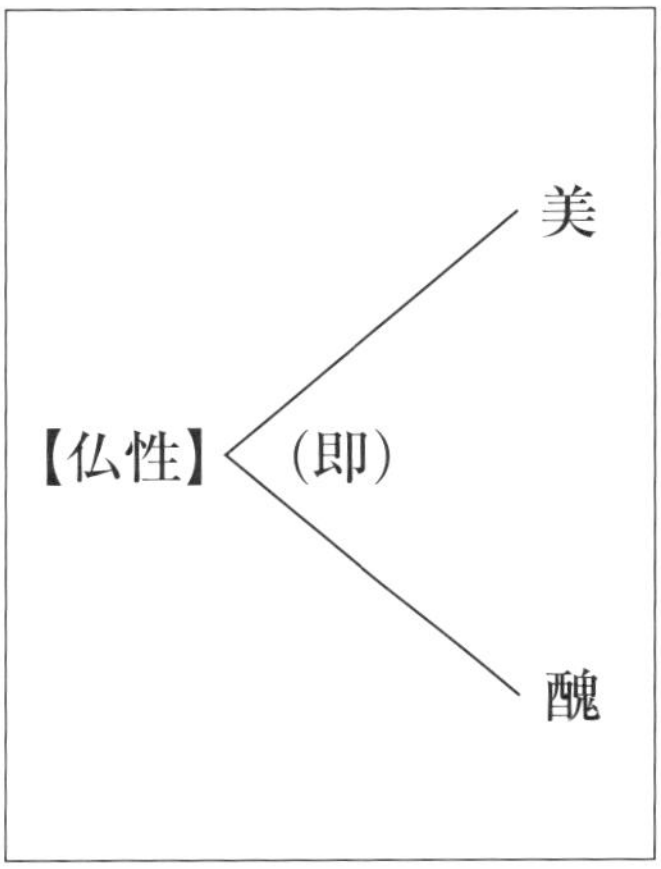

図24　仏性

性一原論」について話をしてきたが、ここまでお読みになった読者には、二元性一原ということは、いい加減にでっちあげられた概念ではなく、少なくとも真実味を帯びたものという気が湧いてきたのではなかろうか。筆者は相矛盾する二つが現れたときには、昔は顔をしかめて「嫌だなあ」と思ったが、仏法に出会ってからは、嫌どころか「そら真実がおいでなさった！」という気持ちがするように変わったのである。これはまことに有り難いことであった。言うまでもなく、矛盾は解決すべく努力しなければならないが、矛盾に出合っても頭にこなくなったからである。だから矛盾への対処も冷静にできる。たとえば失敗しても、失敗を拝むことができるようになったので、三性の理（第六章第三節）を応用して、失敗という悪を善に転じて、矛盾を乗り越えられるのである。

話を「蔵」へもどすが、すべては如来蔵・宝蔵で、まだ磨かれていないダイヤモンドのようなものである。たんなる石ころのような面《つら》をしているが、磨けば燦然《さんぜん》たる輝きを放つのである。第四章第三節の「物作り三昧の偉力」で述べた八戸三中のロボコンでは、指折りの教育困難校だった八戸三中が青森県屈指の模範校に変わり、子供たちは、彼らのロボコン感想文が示したとおり、仏性が開顕した（はっきりと現れ出た）と言ってよかろう。ロボコンは子供たちを研磨し、みにくい表面を磨き取って、子供たちは輝きだしたのだった。ロボコンは如来蔵を証明してくれたようなものである。

要するに、美が醜の仮面を被って現れたのは、本物がお出ましになったということである。そこで図24が成立する。これが仏性に関する「一つ」である。

四　迷・悟を「一つ」にするのが悟り

仏道を歩む人ならば誰もが、迷いを離れて少しでも悟りへ近づきたいと思うであろう。そして一般の人々は、迷いがなくなったところに悟りがあり、悟った人とは迷いのない人だと思っておられるようである。もちろんこれも全面的に間違いではない。

だが、考えてみれば、これでは迷いと悟りの二つのうちの一方を捨ててもう一方を受け入れるのだから、二見に堕している（第二章第二節）ことになる。また同じくその第三節では、「一つ」は悟りへの道、とも説明した。すなわち迷いを捨てた悟りは、二つに分かれているから迷いなのである。

道元禅師はその著、『正法眼蔵』の「現成公案」巻の中で次のように言っておられる。

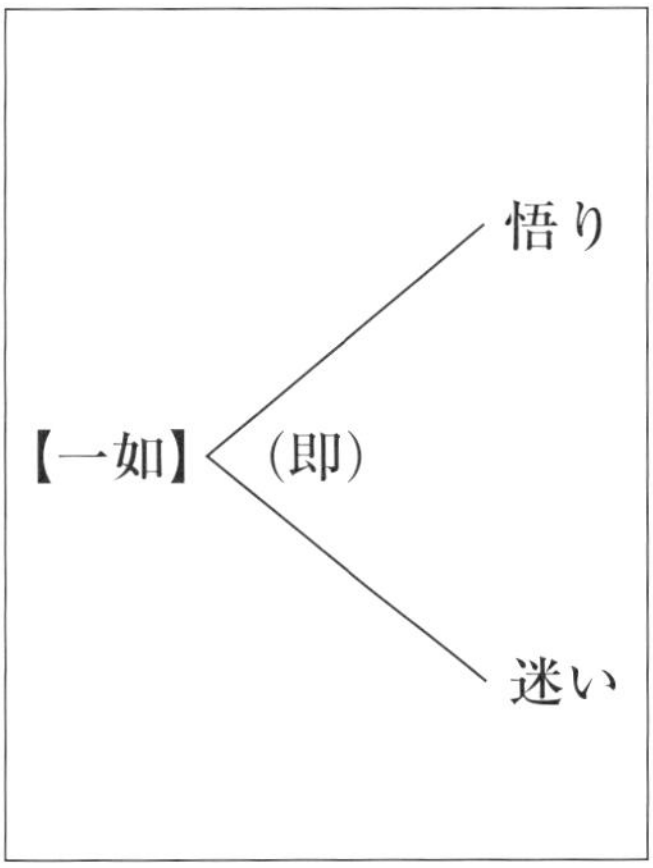

図25　迷悟一如

「迷を大悟するは諸仏なり、悟に大迷なるは衆生なり」と。

迷いを嫌って離れるのではなく、迷いそのものを大きく悟るのが「一つ」で、それを迷悟一如と言う（図25）。

じつは迷いには、次元の低い迷いと、次元の高い迷いがあるのである。一般衆生の迷いは前者であり、菩薩の迷いは後者である。前記の『正法眼蔵』には下記のような件もある。

①自己をはこびて万法を修証するを迷とす
②万法すすみて自己を修証するはさとりなり

ここに「万法」とは、すべての存在という意味である（この場合「法」は存在）。また「修証する」という言い回しがあるがこれは難しく、筆者も的確な説明はしかねるが、辞書（『岩波仏教辞典』初版、四〇九頁の「修証一等」）によれば、修は修行、証は悟りとある。修証を文字どお

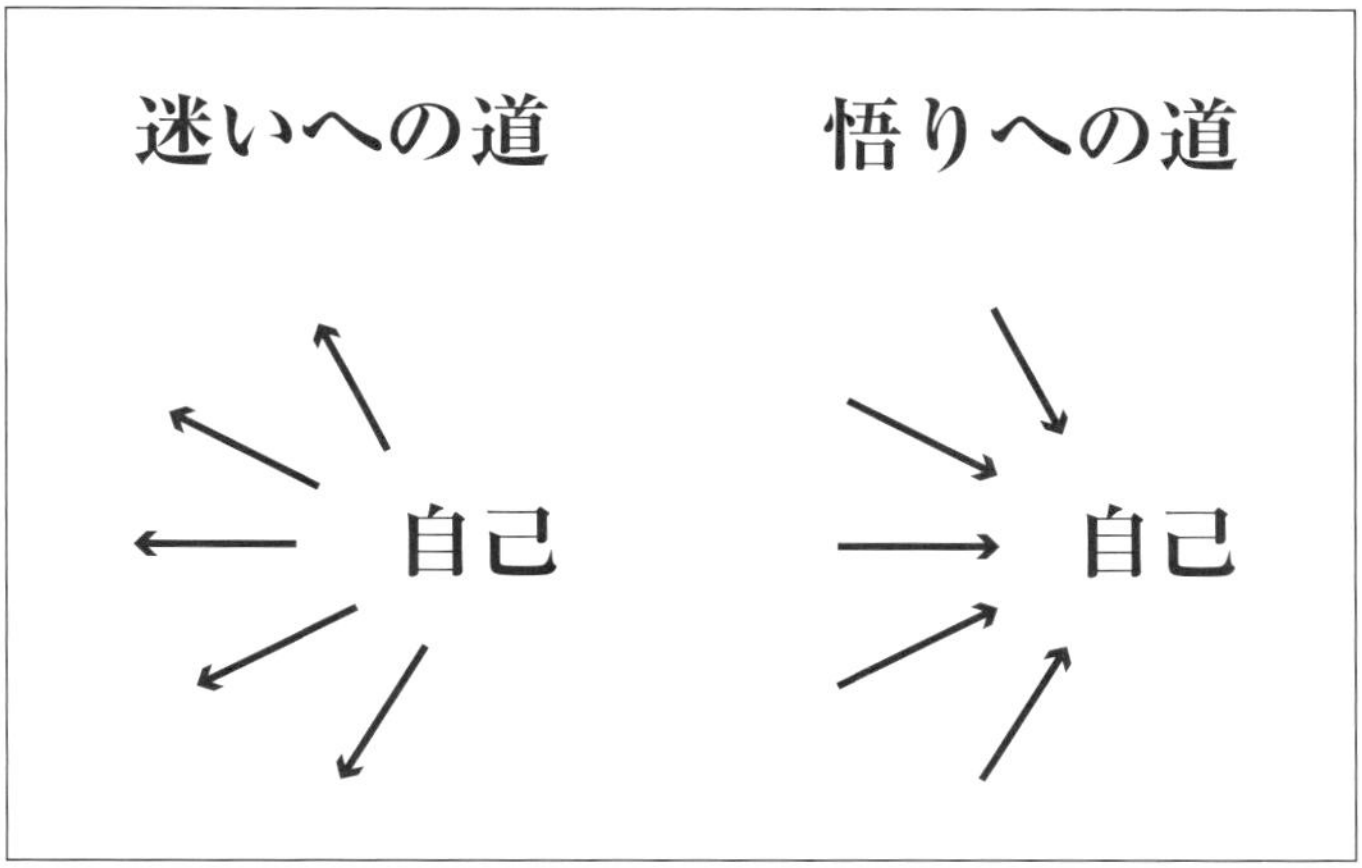

図26　迷いと悟り

りに解釈すれば、修行によって証が立つとなるが、なぜ証が悟りなのかは、おそらく、修行すれば悟って仏性が開顕するから、たしかにその修行者に仏性があるのだということが証明されるからであろう。

しかしここでは、そのような細かな文字の意味の詮索よりも、文章の大意をしっかりと把握することが大切である。そこで①は、「我を出して、おれが私がという自己中心的な姿勢は迷いである」と解釈でき、図26左のように矢が自分からすべてに向かってゆくように図示できよう。これが迷いである。

②は逆に図26右のように、すべてから矢が自分の方に向かってくるように示される。

この悟りは、縁によりすべてのものに生かされているという無我の状態と見てよい。

先に、第三章第三節「成功した講演会は「一

つ」（六〇頁）」で、以下のようなことを書いた。すなわち、

講演がうまく進むときは、講師には聞き手からの無言の反応がひしひしと返ってくるのが分かるものである。この反応が良い場合は、講師は自分でも思わぬ良い話が頭に浮かんできて講演は白熱してくる。次は何を話そうかと考える必要はなく、ひとりでに話が口から出てくるのである。演者がしゃべると言うよりも、聴衆が演者をしてしゃべらせるという状況になってくる。こうなるとその講演会場はシーンと静まりかえり、聞き手は誰もが一言をも聞き逃すまいと真剣である。このような状態を聞き手と講師とが一つに溶け合った状態と言う。もちろん講演は大成功で、終わったときの拍手は会場をゆるがすほどだ。

この状況が、図26右側の一例で、聴衆（万法の一つ）進みて演者（自己）を修証するの適例である。

ところで、菩薩がこの道元禅師の言葉の①、すなわち図26左側の迷いになる場合がある。この迷いは、次元の高い迷いであって、菩薩の自ら進んでの衆生救済の姿を示すのである。衆生救済のために、悟っていながら迷いの姿勢を取るのである。たとえば第五章第一節『法華経』に見る菩薩の態度は「一つ」（一二二頁）で述べた、

内に菩薩の行を秘し、外に是れ声聞なりと現ず

などは、その次元の高い迷いの例である。
ともかく、本当の悟りでは、迷いと悟りが「一つ」になっているのである。迷悟がないのが悟りである。

五　個と全体は「一つ」

先に第七章第三節「サンスカーラのハタラキ」で縁起について最小限の説明をし、すべてはすべてに関係していることを述べたが、抽象的で実感が湧かなかったかもしれないので、ここで再び縁による物事のつながりについて具体例を挙げて取り上げたい。

〈1〉紙が鉄を切る——関係はどこまでも及ぶ

鉄（はさみやナイフ）が紙を切るということは当然だが、そうではなく、そんなばかなと思われるかもしれぬが、逆に紙が鉄を切るということが、手品ではなくて、現にわれわれの社会にはあるのである。ただし「紙が鉄を切る」というのはセンセーショナルな言い方であって、おだやかには「紙が人間をして鉄を切らざるを得なくする」ということである。

われわれがプリンタなどで使っている紙は、Ａ４とかＢ５とかという標準サイズになっていることは、周知のところである。その紙は製紙工場からは、トイレットペーパーを大きくしたような、直径一メートルくらいの大きなリールの形で出荷されてくる。読者は、このリール数本を載せて運んでいるトラックを、道路で時々見かけられたことがあるであろう。

Ａ４ならＡ４は、あのリールから切り出されてできてくるのであるが、そのとき半端なむだが出ないようにリールの幅は決まっているはずである。その紙リールは製紙工場で、抄紙機《しょうしき》という大きな機械で紙が抄《す》かれ、乾燥され、それなりの処理をされ、巻かれてできてくるのである。

今、仮にこのＡ４の幅を変更し、二センチメートル大きくしたとしよう。すると幅が二センチメートル大きくなったので、それを切り出した時に、たくさんの半端なむだが出てしまうことになる。そこで、このむだをなくすために、抄紙機の幅を変える必要が生じる。抄紙機は非常にたくさんの鉄のローラを使っているので、その幅を広げなければならないわけだ。すなわち、たくさんのローラの作り直しである。さらに、それらのローラを支えている枠である抄紙機の構造部も作り直さなければならなくなる。

つまり、一見なんでもないような紙サイズのわずかな変更が、製紙工場の鉄でできた大型装置の作り替えを強制してしまうわけである。このことが「紙が鉄を切る」ということなのである。

しかも、仮に抄紙機を幅広に作り直したとしても、次にはそれを運ぶトラックの荷台の幅が問題になる。これまではちょうどリールがうまく収まる幅になっていたのに、リールの幅が広がったため、トラックの荷台からはみ出るということになり、トラックの荷台の幅を広げなければならなくなる。さらに手数をかけて荷台を広げたとしても、幅が広がったトラックが狭い道ですれ違いできるかどうかという問題も発生してくる。こうして紙サイズの変更は、道幅の変更にまでも影響を及ぼすことになるのである。

さらに紙サイズの変更は、ファイルなど、文房具の大きさの変更を強要する。ファイルが大きくなれば、書棚のサイズを変えなければならなくなることもあろう。書棚の高さが変われば、部屋の天井高にも影響が出よう。……

これは、一つのことの影響は意外な遠くにまでも及ぶ、いや極端と思われるかもしれないが、無限の遠くにまで及ぶということの一例である。「すべてはすべてに関係している」ということは、このことからも、推し量ることができるであろう。

〈2〉万有引力を考えればすぐ分かる

念のために、もうひとつ違った面から、すべての物のつながりということを説明しよう。それはニュートンによって発見された万有引力である。

地球のすべての部分、隣の人は言うに及ばず、そのへんの石ころとも、一〇〇キロメートルも離れたところを走っている車とも、地下何千メートルに埋まっている大岩とも、海の水とも、われわれ一人一人が引力によって引き合っているのである。つまり、つながって関係しているのだ。そしてそれらの引力がすべて重ね合わさって、すべてのものは地球の中心へ引っぱられている、ということになるわけである。

万有引力だから、引っぱり合っているのは、地球の上のものばかりではない。太陽と地球とが引き合い、金星、火星、木星、土星はもちろんのこと、光の速さで進んでも何百万年もかかるという、気の遠くなるような遠い空にある天体とも、引き合っているのである。

たとえば、正確な時間の標準とするために、東京都小金井市にある情報通信研究機構に原子時計というものが置かれているが、この時計はセシウムという原子の振動によって時を非常に正確に刻んでいるわけである。そのためには木星のいくつかの衛星の引力までをも計算に入れてあるという。

このように万有引力を考えると、よくもよくもつながり合ったものだ、関係し合ったものだと、驚くほかはない。

〈3〉部分の中に全体が入っている——小さなものも宇宙の代表

このように、すべてはすべてに関係しているのであって、このことを第七章第三節（一七五頁）では、網にたとえてお話しした。その網目の一点、すなわちどれか一つの結び目をつまんで上へ引き上げると、図27のように、その目を中心にして全体の目が引き寄せられる。宇宙全体はこの網のようにつながっているので、全体のハタラキが一点に集中しているという格好になっている。大宇宙のサンスカーラのハタラキは、網の結び目のすべてに集中しているのである。

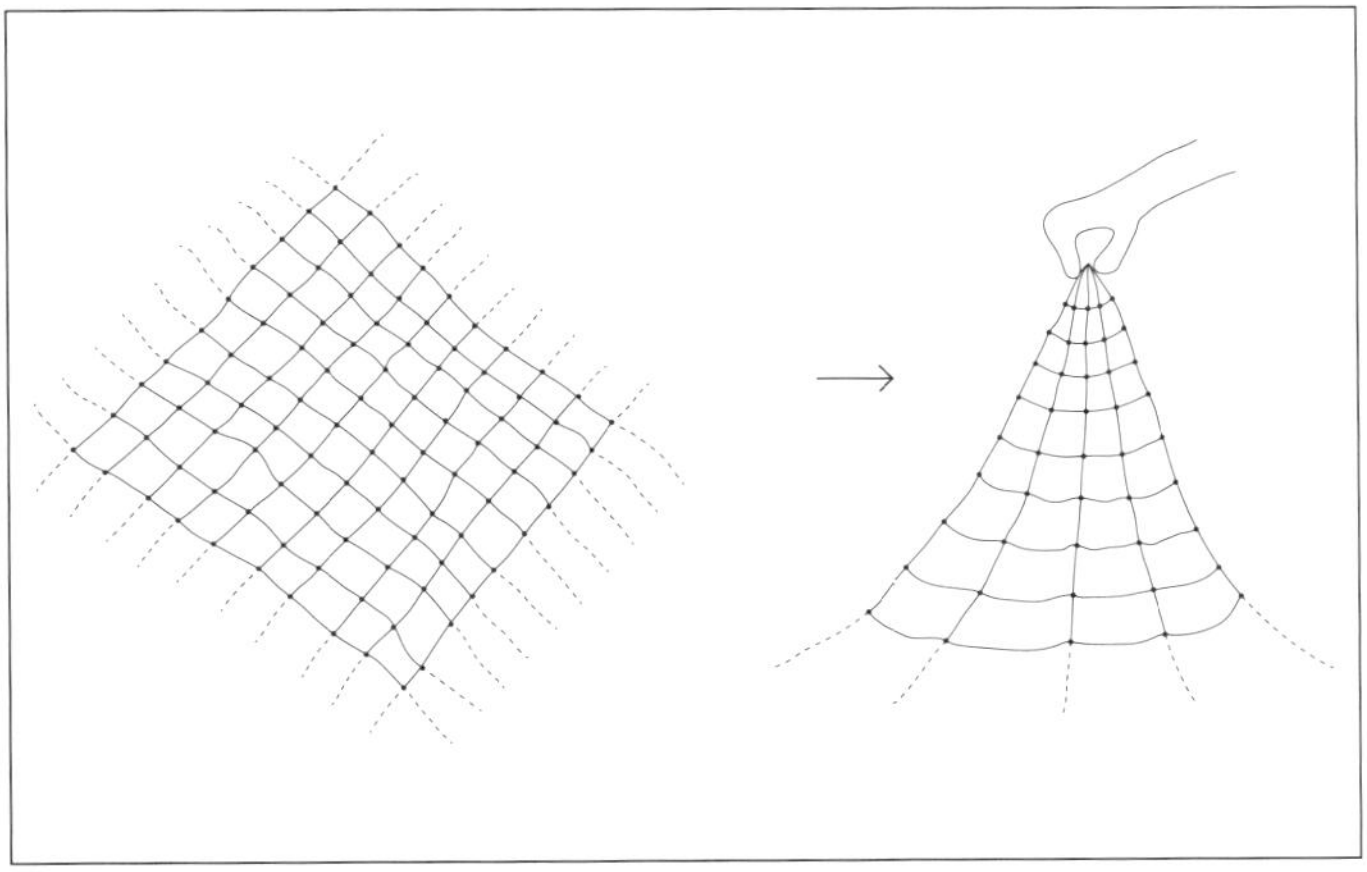

図 27　部分と全体は網目と網にたとえられる

たとえば、花の生け方に「一輪ざし」というのがある。茶室の床などにあると、えも言われぬ趣が出るが、ヨーロッパやアメリカの人はあれを見てさびしいと思うようである。しかしあれは前記のように、全体のハタラキが一輪の花に集中しているという意味で、全宇宙の代表としてそこにあるのである。簡単に言えば、「一輪の花の中に全宇宙が入っている」のである。さびしいどころの話ではない。縁起ということを知れば、花一輪の見方までが変わってくるのである。

イギリスの画家でもあり詩人でもあった、ウィリアム・ブレイク（William Blake, 1757-1827）の次の詩は、十分に味わってみる価値がある（日本語訳は筆者による）。

To see a World in a Grain of Sand
And a Heaven in a Wild Flower,
Hold Infinity in the palm of your hand
And Eternity in an hour.

砂の一粒の中に世界を
また一輪の野の花に天をも観よ
あなたの手の平の中に無限を
そして瞬間の中に永遠を保て

花と同じように、われわれ一人一人も「大宇宙のサンスカーラのハタラキ」のいのちを持った、尊く清らかな宇宙の代表なのである。われわれの中にも全宇宙が入っている。ゆえに、先に本章第三節で述べたように、すべての物事に尊く清らかな仏性があるのである。われわれすべての人間はそのような自覚を持つ必要がある。

また同時に、われわれは無限に大きな網の中の一つの結び目にすぎないのであるから、自分というものは無限に小さなものとなってしまうのである。このことは、「無我」という大切な法門を示している。

仏教的に見れば、本節で説いたように、部分と全体——個と全体（図28）と言ってもよい——は「一つ」なのである。

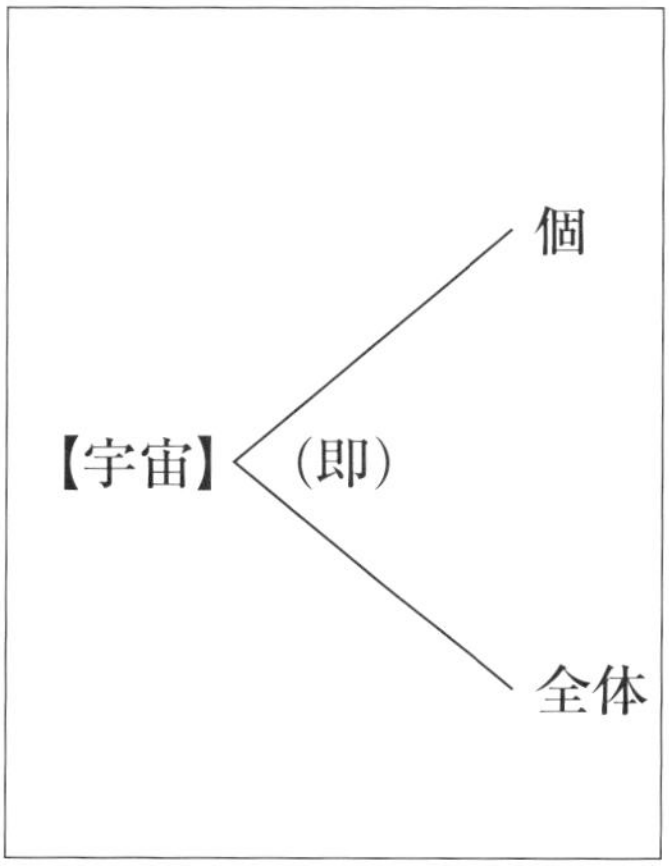

図28　個と全体は「一つ」

六　ゼロと全体は「一つ」

ここでは、「とことん行うと、事柄は逆のところへ落ち着いてしまう」ので、ゼロと全体は「一つ」になるということを、理会しやすい例を挙げてお話ししたい。

①全ページに付箋を入れると

次頁の写真3をご覧頂きたい。この本は鈴木大拙先生著の「無心ということ」と題した角川文庫で、非常に良い内容の本だったから、後での参考や、読み返しのために、大事だと思ったページに付箋を貼り付けながら読み進めた。ところが、読み終わったら、なんと、すべてのページに付箋が付いてしまったのだった!!

付箋とは目印として貼り付ける小さな紙のことで、付箋が付けられたページは特別なページなわけである。後で必要なとき、そこをすぐに開けられるようにするためである。ところが写真のように、あらゆるページに付箋が付いてしまうと、必要なページがすぐに開けられず、結局全ページめくらなければならないことになってしまったのだった。結局付箋は役に立たず、付箋を付けないのと同じことになったのだった。

これは、とことんまで行うと、行わないのと同じになってしまう、すなわち逆のところへ行ってしまうという一つの例である。

このことを当てはめれば、「一日語って一言も語らず」というのも理解できるのではないだ

写真３　全ページに付箋を入れると、入れないのと同じことになってしまう

ろうか。仏教を勉強して、矛盾したような言葉づかいに出合ったら、これを思い出して下されば参考になることも多々あると思われる。

②地球は丸いので

この別の例として、西へ行くことを考えてみよう。日本の自分の家から出発してどんどん西へ行くと、ヨーロッパへ着く。さらに西へ行くと大西洋を越えてアメリカ大陸に行き着くが、そこを越えると太平洋である。その太平洋も西へ進むとハワイへ着く。ハワイへ行くのならば、西へ行かずに東へ行った方が距離も短く速いわけだ。言うまでもなく地球は丸いので、とことん西へ行けば東に出てしまうのである。

これで、西と東は（正反対でなく）同じだ、という言い方ができることになる。

数学の場合は、０が左ならば∞（無限大）は右の方へどんどん行ってしまうので直線的だが、仏教では直線的でなく円だと思えば、すんなり受け入れられる。

③物事の構造は円い

このように物事の構造は円いのである。ゆえに徹底させると正反対のところに落ち着く。これが正反対の「一つ」である。ゼロと全体は「一つ」なのだ。

④無我のとき自己は宇宙

この原理に照らせば、前に述べたように、縁起の法に則って自己が無限小になりゼロになったとき、自己は宇宙全体に拡大するのである。つまり自己と無自己は「一つ」である。道元禅師の正法眼蔵辨道話に、

はなてばてにみてり、一多のきはならんや

という金言がある。十分に味わってほしい。

また「無一物」という禅語がある。「われ無一物、ゆえに万物を所有する」という言い方がされる。何一つ自分のものではないから、すべては自分のものだ、ということは、まさに正反対の二つが「一つ」になっている。

七　信は「一つ」、疑いは「二つ」

仏教で言う「信」とは、心の清らかなことを言うが、これに近い言葉に「正直」がある。正直は古来人間の道として推奨されてきている大事な姿勢であるが、なぜ正直がすすめられるかを本書の立場から見れば、それは「一つ」になっているからだと言うことができる。発言と心の中が同じになっているからである。方便を駆使する場合は別として、正直だと心は安らかである。

これに対し「うそ」は二つである。発言と心中が分裂しているからである。英語やドイツ語にもそのことが現れている。疑いは、

英語では doubt であるし、

ドイツ語では Zweifel であって、

似た言葉で double や Zwei は、いずれも二つを表す。これは味わう必要があると思う。

同様に「だます」も二つである。

これで、「信」は一つ、「疑」は二つ、がお分かりになったと思う。

八　自分は正しく他は間違っているとしない姿勢は「一つ」

すでに文中で述べたことであるが、非常に大切なことだから、ここで節を設け、改めて注意を喚起しておきたい。

人間というものは、特別に反省でもしない限り、「自分は正しく、人は間違っている」と本能的に思っているようである。自己主張が強い、強情、頑固……などは、その現れである。だから言い合いが起こり、けんかが始まり、関係はギスギスしやすい。

そして、これが思想や信念、それも宗教的なものとなると、信念は極めて強固なことになり、大戦争にまですら発展する。歴史が、いや今日の現実も、それを見せつけている。このことを理由に「だから私は宗教はしない」という人も少なくないくらいである。

釈尊は、この自分の宗教的信念に忠実なあまりそれに固執して、人の思想や宗教を間違ったものとして排斥する、かたくなな姿勢を強く戒められたという。ゆえに仏教は、自分の立場が真理にかなっていることを知りつつも、同時に、他人の立場をも尊重することのできる、広い、懐の深い立場を説くのである。この姿勢なしには、小は家庭内から大は世界に至るまで、平和は実現しない。

「一つ」という観点からこの姿勢を見ると、思想や信念の違いによって対立し、二つに分かれることを戒めるということになる。この姿勢によって二つに分裂・対立することを避けながら、平和のうちに、機を見て方便を駆使して他を教化してゆくのが理想である。
ゆえに、自分は正しく他は間違っているとしない姿勢は「一つ」なのである。

九　柔軟心は「一つ」への道

仏教は柔らかい心、すなわち柔軟心を推奨する。柔軟心は仏法を知り、仏道を歩むのに欠かせない心だからである。また修行が進めば柔軟心が身に付く。そして今日の常識では、心は頭が作り出しているようだから、これは柔らかい頭と言い換えてもよかろう。

本書で説いてきた、「正反対の二つは同じ一つだ」や、もっと正確に言うと「不一不二だ」などということや、即非の論理などは、柔軟な頭脳なくしては理会できるものではない。空や実相の理会についても同様である。また前節で説いた「自分の立場が真理にかなっていることを知りつつも、同時に、他人の立場をも尊重する」という姿勢はまったく柔軟心の賜である。『正法念処経』の巻第六十一、観天品第四十には、次のような偈がある。

若し人にして心柔軟ならんには　けだしよく錬《ね》れる金の如し
この人内外よく　速やかに衆苦を脱することを得ん
若し人にして心器調わば　一切皆柔軟にして

この人善種を生ぜんこと　けだし良き稲田の如くならん

このように、柔軟心を上等の金にたとえて推奨されている。心が柔らかければ、もろもろの苦から速く抜け出すことができるとある。また逆に、心が調った人は、なすこと考えることがすべて柔らかく、善きものを生み出すというのである。

また柔軟心は仏の心として水に、硬い心は衆生の心として氷にたとえられることもある。液体の水はさらさらと流れ、入れた器が四角ければ四角に、円ければ円になり、まったく柔らかい。これに対して、硬い心は凍りついていてカチンカチンで身動きがとれない。白隠禅師の『坐禅和讃』の冒頭には、次のようにある。

衆生本来仏なり　水と氷の如くにて
水を離れて氷なく　衆生の外《ほか》に仏なし

水も氷も共にH_2Oとしては同じだが、状態が液体か固体かが異なるのである。仏と衆生とはそのようなもので、仏の迷ったのが衆生であり、衆生の悟ったのが仏であると言うのである。（ついでながら、「衆生本来仏なり」とは、衆生に仏性がそなわっていることを言う本覚思想である。この『坐禅和讃』の最後は「この身すなわち仏なり」で終わっている。これは「自性すなわち無性」（一七七頁）という宗教体験であって、そのことを始覚《しかく》と言う。）

ともかく、柔軟心は非常に大切な心で、本書の内容に関する限りでは、それは「一つ」への原動力である。とくに大事なことは、柔らかい柔軟心によって、硬い金剛不壊の（ダイヤモンドのように硬く壊れない）信心が得られるということである。柔らかいと固いも、このように「一つ」である。

一〇　物との会話は「一つ」

会話は人間界でだけ成立するものではなく、一切にわたるのである。人とのみでなく、またペットとだけでなく、その気になりさえすれば、じつに「物」と人との間にも成り立つものである。

〈1〉物との会話とは

物と会話するには、まず、物が発している無言の声を聴くまでに心を練り上げることである。すべての「物」は「宇宙のはたらき」によって作られて今そこにあるのであるから、すでに何回もくり返したように、すべての「物」――石ころ一つに至るまで――の中には「仏性」が内蔵されているのである。もちろんそれらは、耳の鼓膜を振動させるような音波は出さないが、真理という声なき声を発している。問題はその声を聴くことができるかどうかだ。

たとえば蝶番《ちょうつがい》がきしむ音がしたら、「油が欲しい」という声が聞こえるではないか。そこで一滴油を差してやると、きしみ音は消える。蝶番は「有り難う」とか「ああ美味しかった」とかと応えてくれる。これなどはいちばん簡単で初歩的な「物」との会話なのである。

心の練り上げの程度にもよるが、このように「物」の声を聴くことができるようになると、心は本当に豊かになる。とにかく、これだけたくさんの「物」に囲まれてわれわれは生活できているからだ。たとえ家族が亡くなってひとりぼっちになったとしても、「物」とのこの会話を心得た人は、さびしくも孤独でもない。さびしいから自殺しようなどと考えるのは、とんでもないことなのだ。人間すべては「物」の世話になって生きていられるのだから、すべての人間は「物」の声を聴く必要がある。そして無言でもよいから「物」に礼を言う。そこで以下に、やや詳しく物との会話について語りたい。

誰の周辺にも、その恩恵を被っており、それなしには生きられない物が山とある。たとえば眼鏡をかけておられる方にとっては、眼鏡はその典型である。筆者も眼鏡なしには生活できない一人である。もちろん毎晩就寝前には眼鏡をきれいに洗ってはいるのだが、あるとき、それまではそんな有り難い眼鏡に礼を言うことに気が行っていなかったことに気が付いた。今では眼鏡を拭きながら「有り難う！　有り難う！！」とねぎらっている。

入れ歯や歯ブラシもそうだし、電気のコンセント、水道の蛇口、ガスコンロ、エアコン、冷蔵庫、茶わんや皿をはじめとする食器のすべて、食卓、机、椅子、ボールペン、鉛筆、紙、パソコン、プリンタ、あらゆる衣料、寝具……並べ立てれば切りがなくなるほどの物の世話になっているではないか。まことに豊かなことである。

じつは蝶番への注油は、筆者の先輩であった住宅建築家、池邊陽《いけべきよし》先生からの忠告で気付かされたのだったが、それを契機に筆者は物と会話することを身に付けたのだった。いざそれができるようになってみると、眼鏡に毎日礼を言っているか？　手を洗い食器を洗う時、水に感謝の意を表しているか？　電気にも礼を言っているか？　……そのような反省と共に、一切の物からの呼びかけが、迫ってくるのを感じた！！　その大きな声が聞こえた！！！　それはゴーッと響く怒濤のようなものだった。わが身を取り囲むすべての物からの声が合わさったので、すさまじいものだった。「あー、こんなにもたくさんの物の世話になって生きているのだ！！！」と痛切に感じた。それは筆者にとっては世界が一変した瞬間であった。同時に心がこよなく豊かになった気がした。

「痛いか？」「満足か？」「待ち遠しかったか？」「もういやになったか？」「きつ過ぎるか？」……道具や家具をはじめすべてに、こう無言で呼びかけながら生活できるようになった。そうなってみると、さびしさというものが消えてしまった。いわゆるひとりぼっちでもまったくさびしくない。たくさんの物と、共に生きている実感が伴っているからだ。

以来、風呂を出る時には、バスタブと、湯と、シャワー器具、石けんに合掌する習慣になった。風呂だけでなく生活のすべてに関してそうなった。忙し過ぎるくらいである。

近頃、「無縁社会」という言葉がはやっているが、このように物と会話するコツを身に付けたならば、それはとんでもない心得違いだということが分かるはずだ。

〈2〉物作りでの物との会話

ところで、こういった物との会話は、日常的なものであるが、物を作っている時の物との会話は、これまた格別である。

筆者は専門は技術で、いわば物作り屋である。物を作っているときの物との会話には、工具や工作機械との会話と、次第にでき上がってゆく作品との会話の二つがある。この二つができることは技術者の資格だと思っている。

工具との会話の簡単なものは、たとえば、ねじを締めるドライバーとのそれだろう。(工場で締め付けのトルク管理をしているような場合は別だが。) 小ねじのちょうどよい締め付け具合はドライバーを通して手首で感じ取る。これではまだゆるい、これ以上締めるとねじが傷んでかえって締めたことにならない。「もう止めて!」とねじの叫び声が聞こえる。誤ってドライバーを滑らせ、ねじ頭とかドライバーの先を傷めたりした場合などは、「ごめん、ごめん」と謝る。近年電動ドライバーが普及してきたが、これを使うと手が感じ取る締め付け感覚が粗くなってしまうので、物との会話の点から、筆者は手で回すドライバーを愛用している。

旋盤のような工作機械を使う段になると、会話の内容はいっそう深くなってくる。バイト(旋盤で金属を削るときの刃物)に、すくい角というのがある。これはいわば刃物の鋭利さを表すものだが、これが削られる金属その他の材料の物性に合わないと、うまく削れないばかりか危険でもある。すくい角がマッチしたときの切削感《せっさく》は格別である。スーッと快く削れると同時に切削表面が美しく仕上がる。こういうときの旋盤やバイトとの会話は和やかになる。「どうですか?」と旋盤が言ってくる。こちらも無言で「ああ、とてもいい調子だね」と答えている。もちろん切削油という特殊なオイルをかけながら削るのであるから、切削油との会話も行っているわけである。ダイヤモンドバイトでアルミを削った場合、すくい角や切削油などの関係がうまくいったときは、切削表面に美しい虹が立つ。これを虹立て削りと言い、カメラのレンズの胴体などはそうなっている。虹立て削りに成功したようなときは、歓喜と共に旋盤やバイトに深甚の感謝を捧げる。しかしそれらがマッチしないと、むしり取ったような、汚い表面となる。

また別に素材の声を聞くことが非常に重要になる。もちろん設計図はあるのではあるが、それに従って「ここを取ってくれ」と素材が言ってくる。その素材の言うとおりに削ってゆけば、最高の出来映えとなるのである。彫刻家ならば、材木の中に彫る前から像を見ることができる。材木が「ここを取ってくれ」とか「あそこを削れ」とかと言う。その声のとおり削ってゆくと見事な作品が出現するのである。この感覚の作り方は、図26右側(二一三頁)の悟りへの道に相当するのである。

だが、作品が次第に形を現し始めると、会話は活気を帯びてくる。部品を組み立て接合する段には、部品たちの小声、ささやきまでをも聴く必要が出てくる。こちらが無理を言っては絶対にうまく行かない。物は大自然の摂理どおりにしか言うことを聞いてくれない。「技術は自然を支配しようとする傲慢なものだ」と批判される向きも多いが、このような会話を交わしている限り、人間は謙虚にならざるを得ない。うまく行かないときは、必ず人間に落ち度があるのだ。

物言わぬ物の声聴く物作り

という格言さえある。

いろいろ語ったが、「物」との会話は、「物」への感謝の心を養い、人生を非常に豊かにし、しかも我慢することなく満足しつつ、ひとりでにエコの達成を助長するのである。本当を言えば、全人類がすべての「物」へ感謝できるようになってこそ、まことのエコが達成できるのである。

〈3〉物との告別

気持ちがこのレベルまで行ってはじめて、捨てるということの意味が本当に理解できる。捨てるとは、ただ要らなくなったからあっちへやってしまうとか、邪魔だから外へ押し出すことではない。捨てるとは、世話になった物との告別なのである。であるから捨てるに際しては、それなりの気持ちを持つべきだ。合掌してから捨てる。場合によってはお経を上げてから別れるのがよい。しかも別れるべき時には、執着なくあっさりと別れることが最高なのである。
以上語ったような物との会話は、物と人間とが「一つ」になることである。

一一 花開蝶来の「一つ」

〈1〉花開き蝶来るは神聖

花と蝶に関する良寛禅師の素晴らしい漢詩（下段の読み下し文は筆者）がある。

花無心招蝶　　花は無心に蝶を招き
蝶無心尋花　　蝶は無心に花を尋ねる　（清浄）
花開時蝶来　　花開く時蝶来り
蝶来時花開　　蝶来る時花開く　（全機　調和）
吾亦不知人　　吾れまた人を知らず
人亦不知吾　　人また吾れを知らず　（自己を忘れる）

不知従帝則　知らずして帝則に従う（宇宙の摂理のまま）

花が咲くと蝶がおとずれ、蝶が来た時花が咲いている。これは、ありふれた日常の現象だが、こういった身近な自然を眺める場合にでも、いや、むしろ身近であればあるだけに、われわれ人間は、どうしても自分なりの価値観を通してそれを見てしまう。

そして多くの人は言う。花は、きれいな花弁と魅力的な香りと、甘い蜜とを用意して、蝶をおびき寄せるのだ。蝶は、その美しさと甘さに誘われてやって来る。蝶が夢中で蜜を吸っている間に、花は蝶がいやがる花粉をぬたくり付けてやり、蝶が飛び去ったら「ああ、しめしめ、うまくいった！」と喜ぶと。これは凡人の知恵である。

人間社会は、大は国家間の外交から小は個人企業にいたるまで、わが利益追求の力学の渦である。とりわけ資本主義社会での会社というシステムにおいては、利潤を上げることが最優先の倫理となっている。戦争を放棄した平和国家日本ではあるが、企業の話となれば、戦争用語がなんのためらいもなく平然と使われている。いわく、企業戦略、生き残り戦術……等々。経営者のための講習会では、孫子の兵法などが講ぜられている。まさに競争社会での企業は、食うか食われるかの権謀術策の巡らし合いだ。だから、花と蝶の関係も、はかりごととして映るのかもしれない。

しかしそんな観点からでは、自然の全機し調和した清浄な姿は分からない。高次元の智慧は、一切の計らいを止めよと導く。もちろんすべては生かしていくのが智慧だから、どんな場合にでも計略を全面的に否定するものではない。問題は、「誰のための計略か」である。ほとんどは、自分のために人を陥れる計略だ。だが仏教のそれは逆である。その場合の計略の目的は、人のためである。これを方便という。

おびき寄せる、しめしめ、……言うまでもなく、こういうのは汚い見方である。そこで逆に見てみよう。たとえばボランティア的な観点からだ。

蝶は思う。「ああ、かわいそうに花さんは動けない。だから私が花粉を運んであげましょう」と。花はそのお礼として、蝶に蜜をさし出す。

こういう心がけは、我欲の突っ張り合いの人間界では、感心で奇特な、推奨すべきこととされている。だが、花と蝶との関係からすれば、このボランティア精神さえもが汚れて見えるのである。つまり、たとえば、ボランティアをする側に、「自分はボランティアという、善いことをしているのだ」という気持ちがあると、その奉仕が汚いものになってしまうのである。無心がよい。

ともかく、花が咲けば蝶が来、蝶が来たら花が咲いている。——子供のときには、何でもない日常のこととしか感じなかったことだが、これは大変なことである。良寛さまの詩にあるように、招く側も、尋ねる側も、無心であって、はかりごととか、ボランティアとかという意識は寸分もない。それでいて、いや、それだからこそ、宇宙の摂理（良寛さまの詩の最後の「帝則」）に則しているのである。

花は無心に蝶を招き、蝶は無心に花を尋ねる。これは、くさすことはもちろんのこと、たとえ、美しいとか、素晴らしいとかと、ほめるとしても、人間がそのように評価することは汚らわしいと拒絶する神聖な現象である。われわれが指一本触れることさえ許されない、清浄な世界である。人間が価値判断を下すと、その判断という分別によって、精神世界が汚染されてしまうのである。これはただ、美しいと感嘆する以外には、どうしようもない絶対者の顕現なのである。

〈2〉「ため」の一致

したがって本当をいえば、もうこれ以上語らない方がよい。だがここで、ただ一つだけ、人間の価値を導入することを許してもらおう。それは「為」、すなわち「……のため」という観点である。この「ため」という角度から、花と蝶との関係を眺めると、そこに発見できるのは、

「ため」の一致

ということである。すなわち、蝶が花の花粉を運ぶことは、蝶が花の犠牲になっているのではない。花が蝶に蜜を提供することは、花が蝶の犠牲になっているのではない。蝶のためになることは、即、花のためになっており、花のためになることは、即、蝶のためになっている。こ

れが「ため」の一致である。まったく自然界は巧みにできていると感嘆させられる。

このような、「ため」の一致こそが、事柄が全機する条件だ。「ため」が一致しているとき、相手は自分となり、自分は相手となっている。自他が一体となっている。別の言い方をすれば、自己が相手を含むまでに広がっているということになる。要するに「一つ」になっている。

妻のためが夫のため、夫のためが妻のため。従業員のためが会社のため、会社のためが従業員のため。顧客のためが会社のため、会社のためが顧客のため。個人のためが社会のため、社会のためが個人のため。……こういう「ため」が一致した状態が自然なのである。現実のわれわれの社会では、「ため」の不一致がなんと多いことか、なんと不自然なことか。

また人間が作ったいわゆる人工のものは、花が咲いた時に蝶は来ず、蝶が来た時花は咲いていない、という「一つ」になっていない状況のものが多い。すなわち全機しないのである。

花と蝶に頭を下げ、拝み、見習うべきだと思う。

第十章

自在学への道

以上第九章までは、なるべくやさしくとの姿勢で、種々の譬喩を挙げながら、「一つ」についての解説を続けてきた。

しかし筆者は本書の締めくくりとして、この第十章で、「一つ」という根本原理を核心とした「自在学」なるものの要点を述べ、一人でも多くの読者が自在というものに開眼され、その境涯へと向かって向上、到達されることを薦め、現代の危機を乗り切る道を示したいのである。

じつは、これまで説いてきた「一つ」こそは、自在の核心であり、二元性一原論こそが、宇宙の根幹をなす本質と現象の分析論であり、自在学の根本原理なのである。その意味で、一見、木に竹を接ぐように見える本章は、第九章までと深い関わりと連続性があるものである。むしろ、筆者の立場からすれば、本章のために第九章までがあるとさえも言えるのである。

また第九章までは譬喩などを用いたやさしい解説で「易」と言えようが、本章は単刀直入的に語るので、難しい「難」になると思われる。さらにまた見ようによっては、第九章までは「方便」、本章は「真実」と見ることもできる。したがって、この第十章があることにより、本書全体としての形が、易：難、あるいは方便：真実という二元性一原論的になるとも考えられる。この点読者のご了解を得ておきたい。

なお「自在」は、今日一般には、自由の代名詞くらいの感じで、思うままに何でもできるくらいに気楽に考えられているようだが、本来の意味は自由とは比べものにならぬほど深玄なものである。これは本章を読まれればお分かり頂けるであろう。因みに、自由の対応英語としては freedom とか liberty があるが、自在の対応英語はないのである。つまり欧米には自在という観念はないと思われる。逆に仏教の経典には、自在の語は多く見られるのに、自由という語は筆者の知る限り見当たらない。

一　自在学の必要性と目的

ここ数十年間、とくに高度経済成長時代以来、さまざまな社会的大難問が次々と頭をもたげてきている。人口問題、食糧問題、機械と組織による人間疎外の問題、環境汚染の問題、原子力とエネルギーの問題、資源枯渇の問題などがそれである。そしてそのどれもが互いに密接に関連しており、しかもグローバルな世界的規模のものである。たとえば、爆発的に増大している人口に対し、十分な食料を生産しようとすれば機械化に頼らざるを得ないが、それは人間疎外と環境汚染に直結し、資源枯渇に拍車をかけるというふうに、幾重にも矛盾し、芋づる式につながった深刻な大問題であることが分かる。

もちろんこれに対して、国連はじめローマクラブなどの諸団体が早くから取り組んではいるが、文明批判的な段階にとどまって、具体的な解決方法は皆無のように思われる。それなのに、われわれは否応なしにこれらの難問と対決せざるを得ないのが現実である。

ところで古今東西にいくつもの立派な哲学がある。たとえば、古代ギリシャのアリストテレスの形而上学、近代におけるデカルトの普遍学、カントの批判哲学、ヘーゲルの諸学の統一的展開を論理化した弁証法哲学などはその代表的なものであり、それらの内容はまさに無限の宝庫とも言える。しかしながら、上記の諸難問はこれらの哲学や現代の諸学問だけによっては対処しえないように思われるのである。

その理由は熟慮するに、これら難問の根本的原因は、人間が自然《しぜん》から離れ、自然《じねん》（後述）の姿勢を取らず、逆に自然《しぜん》と対立し、自然《しぜん》を人間が便利をするための素材と見ているところにあると考えられるからである。つまり人間が自然《しぜん》と一つになるという姿勢を欠いたところにあるのである。

自在学はこの点を重視したもので、これら難問に対して解を出しうるのは自然《じねん》を尊重する仏教哲学と仏教的実践以外にはないとの観点から、約三十年以前に後藤榮山老大師を指導者に招いて応用仏教として提唱され、筆者はこれをライフワークとして今日に至っているものである。それは、人間が自然というものの深い基本性質を理解すること、ならびに三昧という宗教的実践によって自然《じねん》という姿勢を身に付ける点を必須とした、従来にはなかった学問であり、人類が自在という優れた境地を得ることを願って、上記大問題に対処すべき方向とその方法を示しながら、世界を救われた方向へ導き出そうとするものなのである（後藤榮山「自在学試論」）。

二　文明人間の過ち

自然と人間の関係の歴史を考えると、古代ギリシャでは自然の根元が問われ、中世になってからは、自然は神の創造になったもので神の支配下にあるという見方が生まれ、人間は自然に対して謙虚な姿勢であった。

ところが近世になって、自然と人間とは客観と主観という二つに分かれた対立的な関係になり、人間は「知は力なり」をモットーに、自然に立ち向かい、自然に手を加え、自然を支配してゆく傲慢な状態になってしまったのである。これが根幹的に現代文明の方向を決定し、とくに産業革命以後加速的に顕著となって今日に至っている。すなわち、自然科学とそれを応用した科学技術の発達と相まって、自然が人間から引き離され、客観的自然として抽象化され、人間は自分も自然の一部であることを忘れ、自然の外へ跳び出し得たと錯覚し、自然を材料視あるいは素材視するようになってしまったのである。

これは、人間の一方的で誤った自然への働きかけにすぎない。

その結果、自然の秩序が乱れ、自然の原理を逸脱した逆作用が頻発して、危機状態の起因となっている。まずはこの点をわれわれは反省しなくてはならない。

人間は物にかこまれ、物の世界の中で生きている。もちろん物といえども自然物としての「もの」には自在性がある。しかしこれまで人間が作ってきた人工物に、果たして自在性というものがあるであろうか。現在のように人間が「もの」を生産し、消費し、所有しているところに自在性があるだろうか。言うまでもなく答えはノーである。一方で良くても、他方で問題を起こし行き詰まっているではないか。この点が大問題なのである。

それではどうするべきか。これは根本的に、文明に浸っている人間の考え方と姿勢の問題に帰するので、その過ちを深く反省して出直す。すなわち以下で述べるように、自然の根源へと立ち返る修練を行い、人間が自然《じねん》を体得してこそ、初めて人工というものが自在性を得ることができるのである。

三　自在性の根拠と自然

そこでまず、自在性の根拠を知るために、宇宙をして宇宙たらしめている宇宙の根源へと徹底的に遡ってみる。それには三昧を修することも必要となろう。するとそれは、二元性一原の「原」を認識することとなる。この「原」こそは宇宙一切の大本であって、一面、「動」を本質とするハタラキのみの不生不滅の絶対的「本質界」と、他面、そのハタラキが森羅万象を作り出し、動かし、制御し続けている「現象界」との二面（二元）が二元性一原論的に「即」の関係で「一つ」に融け合っていることが会得できよう。この「原」の根幹的性質が「自在」というものなのである。

自在学は、また修行は、この「原」への復帰と目覚めのためにあると言ってもよい。「原」は、たんなる哲学的概念と見たのでは不十分極まりなく、筆者はこれを神聖な仏とも心得ている。ゆえに「自在」は仏の性質となる。ここに自在性の根拠があるのである。

この根本原理を前置きとして、仏教の基本的な宇宙観であり自然観である三法印、諸法無我・諸行無常・涅槃寂静《ねはんじゃくじょう》に思考の目を向けてみよう。

すなわち仏教では、存在と現象を縁起論によって把握している（第七章第三節2項「縁起」、一七三頁参照）。第七章で説明したように、縁起の本質は関係で、相依相関である。相依相関で縁起したものには実体（我《が》ということもできる）はないので、そのことを諸法無我という。そしてその現象面を諸行無常ととらえる。すなわちそれは、万物は絶えず変化していて、一瞬たりとも停滞することがない状況を表している。諸法が無我であり、諸行が無常であるということをよく観察すれば、われわれは、この宇宙には、万物万象の普遍的要素と特殊的要素が空間的・時間的に一つとなってあわせ存在していて、その普遍性が求心的に、特殊性が遠心的に働いているということに気付く。

自然に存在する基本的法則は集合と分散、結合と分離である。このことは現代科学も指摘しているとおりである。それらの変化は上記のように「動」を本質とし、その「動」の原因は力（広義）であり、現代科学ではその動の原因をエネルギーとしてとらえている。これは仏教における三大《さんだい》、いわゆる体《たい》（本体）・相（現象）・用《ゆう》（ハタラキ）を縁起論から見るのとまったく一致している。その具体例を知りたければ、自身の身体を眺めてみるとよい。

血液循環系、呼吸系、食物の摂取から排泄に至る消化系、ホルモン系、神経系……など、すべて一体に融合して循環的になっており、求心性と遠心性とが平衡し、まさに「自在」である。そしてその「自在性」によって、われわれは生存することが可能になっているのである。読者はここまでの説明で、「一つ」と「自在」との密接な関連が理会できたことと思う。

「自在」は、このように物をして物たらしめている宇宙の根源的なハタラキであり、そのハタラキが調和している状態を、仏教では涅槃寂静と称している。

以上が仏教の基本的な自然観であるが、この諸法無我・諸行無常・涅槃寂静の三つが一つになって展開し活動しているという自在性を自覚されることを切望する。

注目すべき重要な点は、この自在性は人間が知識によって分別してでっちあげたものではなく、人間が分別という作用を働かせる以前から、大自然の基本的性質として備わっているということである。さらに、自然は他から作られるものではなく、自らによって自らを生み出す創造的で自発的なものと観察できる。そして、人間が出現する以前から自然は存在していたし、人間は自然の中から作り出された自然の一部分である。ゆえに、人間がいかに自然に対抗しても自然はそれを退け、人間の立場に調子を合わせるようなことはなく、逆に人間が自然の調子に合わせる道しかないのである。自然というものは自然それ自身の道から外れることを拒み、自己自身のサイクルによって展開していると考えられる。われわれはこの点を十分に認識しておく必要がある。

四　自在と「一つ」

自在とは、ひと口に言えば、人知では計り知れないほど優れた、身心でのハタラキの霊妙性と言えるが、それは、第九章まで説いてきた「一つ」なしには到達不可能な境涯であり、上記のように大自然の根幹的性質なのである。「一つ」こそは、自在の核心であり、二元性一原論こそは、宇宙の根幹をなす本質と現象の分析論であり、自在学の根本原理なのである。

そこで、われわれが自在に行動し、自在に思い、自在に聞くとはどんなことであるかを考えてみよう。それは、「自在」は訓読すると、「ミズカラある」と「オノズカラある」という二通りの読み方ができ、普通はこの二つは自と他の関係、あるいは主観と客観の関係として対立的に認識されるが、この二つが「即」の関係として融合・合一するところにこそ、「自在」が見出されるのである。

たとえば、「即」によって、ミズカラがオノズカラとなっている例を挙げれば、すでに第四章に挙げたが、白隠禅師坐禅和讃の中に重要な一句として、

「自性即ち無性にて」

がある。またオノズカラがミズカラに合一した例としては、至道無難禅師の心経注に、
「観自在（観音）とは異人にあらず汝自身なり」
という金言が見られる。

このように、一見、主観対客観あるいは自と他という、対立概念のように見えるミズカラとオノズカラが即の関係で一致するとき、自在の自在たるゆえんがあるわけである。

ところで、華厳宗に四法界という宇宙観があるが、それにこのオノズカラとミズカラの世界を当てはめてみると、いかに現在の文明が不自在なもので全機していないかが分かろう。この四法界とは、左のとおりである。

①オノズカラの世界――理法界（平等的な本質界）
②ミズカラの世界――事法界（差別の現象界）
③オノズカラとミズカラの世界――理《り》事《じ》無《む》礙《げ》法界《ほっかい》（本質界と現象界とが一体不二の世界）
④ミズカラのミズカラの世界――事《じ》事《じ》無《む》礙《げ》法界《ほっかい》（現象界そのものが絶対不可思議な世界）

自然の世界と自己の世界との関わりを示すこの四法界の内容は、非常に深遠なものであるが、要するにこれは、すべての各々の存在、それぞれの現象、あらゆる性質というものが、それぞ

れの理法をもって現れているということなのである。それだからこそ、個と個、個と全体の美しいハーモニーが保たれ、調和的世界として現成している、すなわち目の前に現前している存在のすべてが、そのまま悟りの相《すがた》を現しているのである。

ゆえに、われわれが、あらゆる文化的・文明的行為の上にこの調和をして調和たらしめることこそが、自在性の必須条件であると言わねばならない。

それなのに現代の創造的行為は、事法界すなわちミズカラの世界のみに終始して、理法界すなわちオノズカラの世界を無視、あるいは理解することを怠っていると言える。そのために行為が普遍的な真理に背いて、理事無礙法界・事事無礙法界のような融通無礙の世界を現成するところからほど遠いことになって、堕落してしまっているのである。ここに今日の行き詰まりの根本原因があると考えられる。このような、オノズカラの世界を無視した創造は、無謀であり危険であると言わねばならない。

五　オノズカラへ至る「即」の姿勢

そこでこれからの創造と開発に際しての基本となる心構えを開示するために、自在の包摂概念を次のような分数式で示そう。

自在＝〈ミズカラ／オノズカラ〉＝〈生きる／生かす〉＝〈人工／天工〉
＝〈＋の世界／－の世界〉＝〈心理的空間／物理的空間〉
＝〈心理的時間／物理的時間〉＝〈個／普遍〉＝〈部分／全体〉
＝〈未発／已発〉＝〈発明／発見〉＝〈帰納／演繹〉＝〈開発／啓発〉
＝〈進歩／秩序〉＝〈テクノロジー／エコロジー〉＝……＝〈始覚／本覚〉

この分子概念と分母概念は、一見、対立的要素のようではあるが、これら分子分母間の一線こそが、ミズカラ即オノズカラというように、「即」の論理として介在しているのである。たとえば式中の〈個／普遍〉とか〈部分／全体〉は、One for all, All for one という有名な格言を徹底的に問いつめれば、無自己（オノズカラ）を示す One for all と自己が宇宙全体に広がった（ミズカラ）を表す All for one とが「即」となっていることは分かりやすいであろう。ゆえに創造あるいは開発に際してはぜひこの点を探求し、吟味し、熟慮して、分子と分母が相呼応して展開するようにすべきである。

「自在学」の立場は、この即呼応の論理に基づいて、オノズカラの法則をミズカラの論理とし、分子即分母という同一性のハタラキを顕すところにこそあるのである。

前記分数式の最後は〈始覚／本覚〉となっており、これも深い思想であるが、ここで参考までに要点だけを述べれば、本覚とは、まだ修行をしていない迷った衆生も、表には現れていないが、本来的、根本的には覚っておるということを言い、始覚とは、修行した結果、覚りが表に現れ出た状態を言うのである。白隠禅師坐禅和讃は、この本覚を示す「衆生本来仏なり」で始まり、途中は坐禅修行の功徳が示され、最後に坐禅で覚った始覚を表す「この身即ち仏なり」で結んでいる。したがって、「即」に至るには、「衆生本来仏なり」という前提条件を信じて、坐禅・念仏・唱題などの宗教的行によって修練し、自覚の有無以前のオノズカラの世界（分母の本覚）と、分子の始覚であるミズカラの世界とを呼応させるという道筋となる。

大切な点は、これを道理と認識するにとどまらず、道理そのものをいのちとして体験することである。それには宗教的行によって自己を空にし、無に成り切り、三昧境という定に入ってから、その定が破れて智慧が出てくる。この実践により初めて知識が智慧に転じる。この智慧を仏教では般若とも、無分別の分別智とも呼ぶが、この宗教的体験を経て日常底が自然から自《じ》然《ねん》へと転換する。この宗教的転換をすると、自然も、必然も、因果というものも、たんなる物理的自然ではなく、モトヨリシカラシムものであることが心底から納得できる。

こうして得られた智慧こそが現代の難問を解く鍵となるのである。ここに自在学には他の諸学には見られない特徴があると言うことができる。このようなわけで、自在学は存在そのものの道理を摂取し、それに随順し、さらに応用しようというもので、あらゆるイデオロギーを超えたリアルなものである。念のためだが、自在学はひとつのイデオロギーではない。

現代の難問は、いうなれば知識の体系によって築かれた文明の行き詰まりであって、その打開のために、時代が自在学を要請しているのだとの使命感を筆者は持っている。

六　自在学のこれから

くり返すが、現代は難問の洪水である。とくにひと昔前、豊かさを保証すると信じていた高度経済成長が公害を引き起こし、働けば働くほど日本列島は汚染され、破壊され、近年には海底地下資源が見つかったとはいうものの、全般としては乏しい資源におびえながら、諸外国との摩擦を起こすという悪循環をもたらした。

これに対して、それは直接関係者の責任だと傍観的な態度を取る人も多かろうし、自分はお手上げだとして関心さえ示し得ない人もないではない。だが自在学はあきらめ傍観放棄せず、これら難問題をわがこととして主体的に受け止め、宇宙の普遍的真理に基づくがゆえに必ず救いはあると信じながら、難問を脱却する道を示し、さらに未来へ向かって創造を推進しようとするものである。

以上簡単ではあったが、読者は、本書の冒頭から長々と説いてきた「一つ」は、上記のような自在学の大元を支える深い哲理であること、および本書を執筆した筆者の念願というものを理解されたことと思う。

この第十章では、紙幅の都合もあり、自在学の基本論の要約だけを披瀝するにとどまったが、自在学全体としては、具体論としての「科学技術の自在学」「政治経済の自在学」「医学・医療の自在学」「精神科学の自在学」……など、自在学シリーズの体系確立を目指している。そうしてこそ自在学は人類の未来を救うべき指導原理としての役割を果たすことができると考えるからである。

しかし残念ながら、筆者は余命いくばくもなくなってきた。早く諸大学や諸研究所、また各企業の開発部門に、この自在学を受け継いで発展・完成・普及させるべき多才な士が多く現れることを念願しながら、これで本書を締めくくることとする。

あとがき

以上、第一章から第九章まで、多くの例を引きながら、これまでとは違った新しい切り口で、仏教の根幹「一つ」について、解説させて頂いた。

そのうち何カ所かで言及したように、言葉には限界があり、その言葉ではどうすることもできない範囲に属することを、言葉を使って記述するという無謀を冒したところもあったかもしれないが、それは書籍というものの宿命であるので、この点、善知識のお許しを請うものである。同時に読者諸氏もそのつもりで本書をお読み頂きたいと懇願する。

最後の第十章では「一つ」が由《よ》って来たる深い根源を示し、さらにその応用として、現代の深刻な地球的規模のいくつもの難問題の救済を目的とした「自在学」なるものの枢要を示し、読者諸氏の自覚を喚起したいと願った。

「一つ」は狭い意味の仏法に限ったものではない。要するに天地の道理がそうなのである。現今は世界はいくつかに分かれて地獄や修羅の様相を呈しているが、この世界が「一つ」になることを願う。しかしこのことは、世界中をひと色にしてしまうことではなく、民族も異なり、宗教も多様で、言語、産業、文化、生活習慣……も多彩であってよいが、おだやかな平和の心は一つにしたいというものである。これはちょうど色《しき》と空《くう》とが一枚の紙の両面であるのと同様である。

ところで、本書の章立ての順序であるが、あえて法華経の方を般若経よりも先とした。経典の成立からすれば般若経の方が法華経よりも先であったと聞くが、順序を易から難へと、易しい内容のものを先にすべきと考えたからである。

本書はまったくの入門書ではなく、いちおう仏教というものに接したことのある方々を対象とした。それは、「一つ」は仏教の奥義であるからである。この点読者諸氏のご了解を得たい。

「一つ」が道理として理会でき、さらに最終章「自在学への道」で述べたように、宗教的修行によって身に付けば、仏法が盤石なものとなる。本書を通して、身に付いた仏法を深める方々が増え、さらには一人でも多くの自在学志望者が生まれることを願って止《や》まない。

終わりに、ご懇切ていねいに細部にわたって本書の原稿を校閲され、ご指導頂いた龍澤寺専門道場の後藤榮山老大師に深甚のお礼を申し上げ、感謝の意を表したい。また刊行にあたっては、佼成出版社の平本享也編集長、とくに大室英暁氏のお世話になった。ここに篤く謝意を表させて頂く。

二〇一三年五月

著者　森　政弘　しるす

引用および参考文献　＊掲載順

文化庁編『宗教年鑑（平成二十四年版）』文化庁、二〇一三年三月
藤堂明保編『学研漢和大字典』学習研究社、一九八〇年
大森曹玄訓註『禅宗四部録』其中堂、一九六二年
中村元ほか編『岩波仏教辞典』岩波書店、一九八九年、初版
西田幾多郎「知識の客観性について（新なる知識論の地盤）」（『西田幾多郎全集』第十巻、岩波書店、一九五〇年）
中野東禅『心が大きくなる坐禅のすすめ』三笠書房（知的生きかた文庫）、二〇〇七年
中野東禅『目でわかる坐禅の入門――心ひかれる禅の世界 曹洞禅――』創作社、一九七九年
土屋悦堂編輯『禅林世語集』書林其中堂発售所、一九五七年
公田連太郎編著『至道無難禅師集』春秋社、一九六八年
庭野日敬『新釈法華三部経』全十巻、佼成出版社、一九八九年、改訂版
坂本幸男・岩本裕訳注『法華経』全三冊、岩波文庫、一九六二〜六七年
平川彰『大乗起信論』佛典講座22、大蔵出版、一九七三年
森政弘『退歩を学べ――ロボット博士の仏教的省察――』佼成出版社（アーユスの森新書）、二〇一一年
多屋頼俊ほか編『佛教学辞典』法蔵館、一九五五年
鈴木大拙『一禅者の思索』講談社学術文庫、一九八七年

空海『秘密曼荼羅十住心論』（川崎庸之校注『空海』日本思想大系5、岩波書店、一九七五年）
平川彰「般若と識の相違」（日本学士院『日本学士院紀要』第五十巻第一号、一九九五年十一月、一〜二二頁）
澤庵『不動智神妙録』（『鈴木大拙全集』第七巻、岩波書店、一九六八年）
『摩訶般若波羅蜜経』（『大正新脩大蔵経』第八巻、大蔵出版、一九二四年）
道元『正法眼蔵』「現成公案」（西尾實ほか校註『正法眼蔵 正法眼蔵随聞記』日本古典文学大系81、岩波書店、一九六五年）
『正法念処経』（『大正新脩大蔵経』第十七巻、大蔵出版、一九二五年。『国訳一切経印度撰述部』経集部十一、大東出版社、一九七二年、改訂版）
後藤榮山「自在学試論」（自在研究所編・森政弘監修『自在入門——納得の工学 第二集——』開発社、一九八〇年、一九〇〜二〇三頁）

森　政弘（もり・まさひろ）

一九二七年（昭和二年）、三重県に生まれる。名古屋大学工学部電気学科卒業。工学博士。東京大学教授、東京工業大学教授を経て現在、東京工業大学名誉教授、日本ロボット学会名誉会長、中央学術研究所講師、ＮＰＯ法人国際ロボフェスタ協会特別顧問、ロボコンマガジン編集顧問を務める。ロボットコンテスト（ロボコン）の創始者であると共に、約四十年にわたる仏教および禅研究家としての著作も多い。紫綬褒章および勲三等旭日中綬章を受章、ＮＨＫ放送文化賞、ロボット活用社会貢献賞ほかを受賞する。

おもな著書に『機械部品の幕の内弁当――ロボット博士の創造への扉』『作る！動かす！楽しむ！おもしろ工作実験』（共にオーム社）、『今を生きていく力「六波羅蜜」』（教育評論社）、『親子のための仏教入門――我慢が楽しくなる技術』（幻冬舎新書）、『退歩を学べ――ロボット博士の仏教的省察』（佼成出版社）等があり、近刊の共著に『ロボット工学と仏教――AI時代の科学の限界と可能性』（佼成出版社）がある。

仏教新論

2013年 8 月30日　初版第1刷発行
2019年12月10日　初版第3刷発行

著　者　森　政弘
発行者　水野博文
発行所　株式会社佼成出版社
〒166-8535　東京都杉並区和田2-7-1
電話　(03) 5385-2317（編集）
　　　(03) 5385-2323（販売）
URL　https://www.kosei-shuppan.co.jp/
印刷所　錦明印刷株式会社
製本所　株式会社若林製本工場

Kosei shuppan

◎落丁本・乱丁本はお取り替えいたします。

ISBN978-4-333-02617-3　C0015

アーユスの森新書　好評既刊

退歩を学べ
——ロボット博士の仏教的省察——

森　政弘

「退歩」とは禅に由来する語。禅では「進歩」が「外的な対象に着目する姿勢」を言うのに対して、「退歩」は「心に向き合う態度」を意味する。「進歩」一辺倒による弊害があらゆる分野で露呈している現代日本の状況に対して、仏教および禅に基づく打開策を提起する。

◉新書判／256頁

宗教と終末医療

林茂一郎／井上ウィマラ／藤腹明子／田中雅博
中央学術研究所 編

死にゆく人を孤独にしない看取りのために、宗教は何ができるのか。緩和ケア医、仏教セラピスト、看護師、医師でもある僧侶が各々の活動現場から終末期医療における宗教の役割を語る。

◉新書判／180頁

平和への課題と宗教者の役割

飯坂良明／山岡喜久男／眞田芳憲／勝山恭男
中央学術研究所 編

『平和の課題と宗教』の新装改訂版。先人たちの「平和への課題」の思考の軌跡を辿りながら、平和の実現における宗教の役割と可能性を考察する。

◉新書判／464頁

人は人を裁けるか

眞田芳憲

法学者である著者が、法華経を信仰する仏教徒として裁判員制度および死刑制度の問題と向き合い、人が人に罪を問い罰を科すことの意味を問いかける。◉新書判／304頁

人口学から見た少子高齢社会

嵯峨座晴夫

人口学研究の第一人者が各種統計を分析して、日本の未来像を描きながら、少子高齢化問題を私たち一人ひとりの生き方として捉えることを提案する。◉新書判／208頁

「無縁社会」に高齢期を生きる

森岡清美

社会学の泰斗が「脱家族」社会――従来の「家族」という枠を超えた、緩やかで幅広い人間関係に基づく生き方とそれを認める社会づくりを提案する。◉新書判／204頁

東アジア平和共同体の構築と国際社会の役割

――「IPCR国際セミナー」からの提言――

世界宗教者平和会議日本委員会 編

眞田芳憲 監修

二〇一〇年に日本・中国・韓国等の識者がソウルに集まり、「東アジア平和共同体」構築の可能性について論議された第二回国際セミナーの記録。◉新書判／344頁

東アジア平和共同体の構築と宗教の役割

――「IPCR国際セミナー2011」からの提言――

世界宗教者平和会議日本委員会 編

山本俊正 監修

二〇一一年にソウルで開催された第三回国際セミナーの報告集。「歴史認識」や原発問題等々について宗教者の視点からの提言を余すところなく収録する。◉新書判／208頁